Diamantes en la noche

Los cielos más hermosos están en los lugares más oscuros

JOSÉ LUIS NAVAJO

WHITAKER HOUSE
Español

Editado por: Ofelia Pérez

Diamantes en la noche
Los cielos más hermosos están en los lugares más oscuros

ISBN: 978-1-64123-550-1
eBook ISBN: 978-1-64123-551-8
Impreso en los Estados Unidos de América

Whitaker House
1030 Hunt Valley Circle • New Kensington, PA 15068
www.whitakerhouse.com

Por favor, envíe sugerencias sobre este libro a: comentarios@whitakerhouse.com.

Dedicatoria

Mientras este libro tomaba forma, a Gene le diagnosticaron un carcinoma en su seno derecho. Con la máxima celeridad fue llevada al quirófano

y posteriormente sometida a tratamientos radioterápicos.

A ella dedico este libro, y a cuantos en este momento enfrentan una enfermedad.

De manera muy especial a quienes batallan contra un cáncer.

No te rindas. Hay noches en las que todo son preguntas,

pero amanece el día en que llegan las respuestas.

Indice

Breve aclaración antes de empezar

—¿Crees en los ángeles? —Me preguntaron un día.

—¡Claro que sí! —respondí de inmediato.

Lo que jamás imaginé es que ellos, los ángeles, fueran a intervenir en mi vida de la forma en que lo hicieron.

La historia que voy a relatarte está inspirada en hechos reales, aunque, obviamente, acicalada con el cosmético de la imaginación y aderezada con el condimento de la fantasía.

Lo que estás a punto de leer pudo haber ocurrido durante un verano y en un reposado pueblo del litoral español.

Pero antes de sumergirte en la aventura, déjame que te explique: Hans Christian Andersen fue autor de cuentos infantiles tan maravillosos como: La sirenita, La pequeña cerillera, El soldadito de plomo o El patito feo. A propósito de este último, pocos saben que El patito feo fue en realidad un cuento autobiográfico. Él era, en realidad, esa ave del relato, pues toda su vida estuvo luchando con la aceptación y la autoestima.

En una ocasión le preguntaron:

—¿De quién aprende usted para escribir cuentos tan maravillosos?

El genio de las letras respondió con una inmediatez asombrosa:

—Aprendo de los niños —y enseguida añadió—: ellos son mis maestros. Me siento en un parque y los observo, veo como juegan, aprecio la manera en que ríen y la forma como diri-men sus conflictos. Ellos me enseñan lo que luego escribo.

Christian Andersen llegó a ser nombrado el danés más famoso del mundo y fue recibido por reyes y gobernantes, pero tuvo y mantuvo la capacidad de aprender de los más pequeños.

Sería ridículamente vanidoso pretender compararme con él, pero sí quise imitarlo al convertirme en privilegiado alumno de tres deliciosos niños que son, a la vez, tres excepcionales maestros: mis nietos. En multitud de ocasiones Emma, Ethan y Oliver, pese a su corta edad, me han dejado asombrado —y casi transformado— con palabras, gestos y actitudes. He decidido escribirlo para, lentamente, asimilarlo. Este libro será, sin duda, uno de los más íntimos que haya firmado, y tal vez me tenga a mí por destinatario más que por emisor, pues lo escribí para recrearme en lo que ellos me enseñaron.

La sabiduría se encuentra en ingerir y digerir las lecciones que nos regala la vida, y quiero brindarte, querido lector, la oportunidad de ser invitado de honor a las magistrales clases que este peculiar cuerpo docente nos impartirá. Comencé a redactar las vivencias de estos tres niños un par de años atrás, por lo que, al participar de ellas debes comprender que Emma tenía cinco años, Ethan casi tres y Oliver acababa de cruzar la frontera del añito de edad.

Si lo deseas toma asiento y ponte cómodo. Sospecho que las lecciones de esta infantil cátedra no tendrán desperdicio.

Ellos son, en realidad, los ángeles que intervinieron en mi vida.

PRIMERA PARTE

1. Cuando lo inesperado llega

MEDIODÍA

La primavera había descorrido las cortinas de par en par y la vida se derramaba por doquier. Julio y Sara salieron temprano a disfrutar del tibio sol en el jardín. Amaban esos primeros minutos del sábado cuando todo estaba en reposo y podían degustar su café plácidamente y sin prisas. Pero en esta ocasión su remanso de paz duraría poco, pues Emma, Ethan y Oliver no pensaban desperdiciar un día como aquel encerrados entre cuatro paredes. No siempre era posible para "la temible pandilla" disfrutar de todo un fin de semana los tres juntos y en casa de los abuelos. Les encantaba el jardín donde podían correr hasta quedar agotados, les encantaba la comida que hacían sus "abus", y les encantaba que si no les encantase lo que había para comer, sus "abus" les harían otra cosa hasta que lograsen encantarles.

El tumulto que los tres provocaron al salir al jardín sorprendió a Julio cuando estaba aproximando su taza de café a la boca y, del sobresalto, a punto estuvo de derramar el líquido caliente sobre su camisa.

Ethan, el rubio intermedio, paseó frente a ellos como quien participa en un pase de modelos; quería recordar a diestra y siniestra que había superado esa mediocre etapa de usar pañal. No fue sencillo para los padres que el niño se desprendiese de ese complemento que le permitía relajar sus esfínteres sin el más mínimo esfuerzo, pero dicen que la necesidad agudiza el ingenio y los papás del rubio tuvieron una ocurrencia magistral: ¡le compraron un traje de Superman!

¡Magnífica idea! Porque al ponerle el honroso uniforme en una ceremonia muy solemne le explicaron que para llevar ese traje no se podía usar pañal, pues dejaría de ser poderoso. ¡El pañal —le dijeron— es como la criptonita para Superman! Le deja hecho un pelele. Además, ¿quién se imagina a un super héroe volando con un pañal cargado de miserias?

Desde aquel momento no volvió a usarlo, pero convirtió el traje de superhéroe en su segunda piel y no se lo quitaba ni para dormir. Así que ahora paseaba frente a sus abuelos, buscando que el sol impactase sobre la "S" gigante que lucía en el pecho y asegurándose de que los demás pudieran percibir con claridad que no llevaba *airbag* en sus posaderas. Pero como en una comunidad tan numerosa es imposible que exista la calma plena, pues ahora el menor de los rubios, Oliver, quien se ganó a pulso el sobrenombre de "el pequeño gladiador", al ver a su primo sin pañal, estaba empeñado en que el suyo le daba un calor insoportable y quería el pantaloncito rojo que

Ethan llevaba por encima del pantalón azul largo, pues así tendría los mismos superpoderes que su primo.

Julio y Sara reían viendo a los dos rubios: el uno corriendo vestido de Superman sin capa y el otro sin pañal —bueno y sin nada—, corriendo detrás del primero para robarle su atuendo.

Emma, la mayor del grupo, los miraba de lejos, moviendo la cabeza de lado a lado, como diciendo: "estos pequeños nunca crecerán".

Viendo que el rubio mayor comenzaba a agobiarse por la presión a que lo estaba sometiendo el pequeño gladiador, Julio decidió intervenir para bajarle los humos y que dejase de atosigar a Superman. Lo que no logró Julio, ni con la ayuda de Sara, fue que Oliver admitiera ponerse el pañal, y esto era preocupante, pues el pequeño gladiador amenazaba con pasarse el día marcando el territorio con charquitos.

Afortunadamente ocurrió algo que les ayudó en este asunto. Un perro de la urbanización se detuvo frente a la puerta del patio e intentó agarrar con el hocico la mosca que se había posado en su lomo. El animalito comenzó a girar a una velocidad vertiginosa. Debió dar más de quince vueltas en cinco segundos sin salirse de la baldosa. Todos lo miraban admirados, especialmente Oliver, y como el rubio pequeño vino al mundo con un defecto de fábrica, la necesidad compulsiva de tener lo que los demás tienen y hacer lo que los demás hacen, pues decidió imitar al animal y se puso a girar sobre sí mismo. El equilibrio de un perro no es el mismo que el de un pequeño gladiador, entre otras cosas porque el perro tiene cuatro patas y el pequeño gladiador no, así que a la quinta vuelta Oliver se mareó y cayó hacia atrás.

La sentadilla fue bastante brusca... Vamos que se dio un buen golpe de glúteos contra el suelo, y la caída lo pilló sin pañal y sin los calzoncillos de Superman de su primo, así que se acercó a nosotros rascándose las posaderas y admitió de buen grado que le colocáramos el *airbag*.

Se alejó sin dejar de rascarse, dispuesto a seguir con sus piruetas, pero al pasar frente al televisor vio que había dibujos animados con una musiquilla muy alegre, así que en un plis plas ideó una genial coreografía para la canción. Inmediatamente sus primos se unieron al coro y tres segundos después se sumó Julio, cantando completamente desafinado y bailando de manera descoordinada. Los tres niños, al ver a su abu, reían a carcajadas y él para quien jugar con sus nietos no era una opción, sino una necesidad ineludible, siguió danzando, cada vez más animado, hasta que, rendido, se dejó caer al suelo y la temible patrulla se abalanzó sobre él entre risas y gritos.

MEDIANOCHE

Era una noche de diamantes en el cielo.

El firmamento se asemejaba a un lienzo negro cuidadosamente planchado y sin un solo relieve desde el que parpadeaban millones de estrellas que competían exhibiendo su brillo.

Siempre disfrutó de esa imagen. Algunos días Julio se sentaba a ver atardecer y se quedaba quieto, casi extasiado, mientras el cielo iba pasando por los distintos colores del crepúsculo: azul oscuro, naranja, rosa, violeta...

En esos momentos rememoraba el diálogo de la película "El Show de Truman, una vida en directo":

—Mira esa puesta de sol. Es perfecta.

—Sí. Es el trabajo de Dios.

—Tiene un excelente pincel.

Le relajaba especialmente sumergir la mirada en el cielo nocturno, buscando el distinto color y la cadencia de las estrellas e intentando localizar y nombrar a las más conocidas. Desde Próxima Centauri hasta Sirio, pasando por Pólux o Arturo.

No era así esa noche. El lienzo oscuro de arriba solo le hablaba de luto y el titilar de los astros le evocaba a velas mortuorias oscilando en la sala de un tanatorio, ese lugar al que, salvo un milagro, pronto acudiría.

2. Día de preguntas

Puedo cruzar lugares peligrosos y no tener miedo de nada,
porque tú eres mi pastor y siempre estás a mi lado;
me guías por el buen camino y me llenas de confianza.
David (Salmo 23:4, TLA)

Aunque era tres de junio, el día, gris y lluvioso, parecía desmentir que el verano estuviera a las puertas. Julio se aproximó a la ventana y percibió cómo el sonido de la lluvia en el cristal acentuaba su melancolía. Ese paisaje plomizo combinaba perfectamente con su estado de ánimo. Los regueros de agua sobre la lámina de vidrio parecían un reflejo de sus ojos, en los que también predominaba la humedad, y sobre ella se mecía una imagen: la de Sara.

La ama con tanta intensidad… Por eso está angustiado.

Treinta y cinco años junto a ella le garantizaban que sería imposible retomar la vida sin tenerla a su lado.

No estaban unidos, sino que eran uno.

Su partida no supondría una separación, sino una amputación atroz.

Ni podía ni quería imaginar el paseo de cada tarde sin la mano de ella tomando la suya, ni el momento de dormir sin ella abrazando su espalda.

—Cariño, ¿no vas a desayunar?

Era ella.

Se acercó sin que él lo notara, y desde atrás lo abrazó, besó su nuca y tomándolo de la mano tiró de él con suavidad, llevándolo hacia la mesa.

—Te preparé esta tostada —Sara le pasó un plato de porcelana blanca con el humeante pan—. ¿Quieres que le ponga un poco de aceite de oliva o prefieres aguacate? Ayer compré mermelada de frambuesa natural; tiene un sabor delicioso.

—Gracias, cielo, pero no tengo apetito —la miró con genuino embeleso mientras se sentaba en el taburete de madera—. Tomaré solo el café.

Sara, preocupada, observó cómo Julio vertía un poco de leche de almendras en el café —nunca toleró bien la lactosa—, añadió un poco de azúcar y con una cucharilla lo disolvió, todo en un silencio tenso y reflexivo que denotaba la enorme lucha que se libraba en su interior.

Tampoco ella tomaría la tostada. Solo exprimió un par de naranjas, y cuando se aproximó a la mesa con el vaso de jugo se sorprendió de que él ya se hubiera tomado el café. No era normal que no la esperase, pero no le dedicó ningún reproche. Solo cubrió con su mano la que Julio tenía sobre la mesa y aplicó sobre ella una presión cómplice y comprensiva. De sobra conocía las razones de que su marido estuviese tan ensimismado.

Por un momento, al buscar Julio una servilleta, su mirada se encontró con la de ella y sus ojos se apartaron de inmediato, rehuyéndola, como temeroso de que Sara pudiera leer el mensaje de derrota que había impreso en sus pupilas.

Sin soltar su mano Sara hizo una oración presentando el día y dando gracias por la vida. Era una defensora militante de que cuando la vida nos presenta mil razones para llorar, podemos demostrarle que hay mil y una para reír. Antes de concluir la plegaria, agradeció al cielo por Julio, para quien escuchar su nombre en la oración de su mujer supuso una bocanada de aire fresco que inundó su alma.

Cuando concluyó la oración, Julio envolvió con sus dedos los de su mujer, agradeciéndole con una sonrisa. Sentía auténtica admiración por su fe inconmovible. Cada vez que la adversidad estaba a punto de tumbarlos, la fe de Sara lamía, hasta abatirlos, los cimientos del dolor.

Tras un rato se incorporó y de nuevo se aproximó a la ventana. La preocupación lo asfixiaba. Era como un vértigo que se había instalado de forma pertinaz en algún lugar de su pecho y que en ocasiones le dificultaba la respiración. Los cometidos más sencillos se le antojaban insuperables; ni de asearse tenía ganas; las palabras de C. S. Lewis —quien pasó por un trance similar— venían a su mente con frecuencia: «nadie me había hablado de la pereza de la pena... Aborrezco aun el mínimo esfuerzo... incluso el de afeitarme».

Eso, lo que él sentía, ¿sería eso la depresión?, se preguntaba.

Rápidamente lo descartaba. No era depresión, se trataba de preocupación.

Hundió sus ojos en el cielo gris que seguía llorando lluvia y pensó en Dios. Una cierta animadversión nació en su alma: si de verdad Él los amaba, ¿por qué lo permitía?

Fue esa la primera vez que notó cómo en algún lugar de sus entrañas se instalaba una oscura amalgama de emociones entre las que prevalecían ira, desencanto y decepción.

Ella lo percibió, Julio estaba seguro de que Sara lo había percibido, pues volvió a abrazarlo por detrás y susurró cerca de su oído:

—Dios sigue en el control de nuestras vidas. Nos ama demasiado como para permitir que derramemos una lágrima más de las estrictamente necesarias, y ninguna será inútil; todas tendrán un sentido.

Lo abrazó con más intensidad aun y añadió:

—Nos ama tanto que cada segundo busca formas de ayudarnos a llegar al hogar, nunca de impedirnos la entrada.

Se giró y la observó con ojos que chorreaban admiración y amor en estado puro. Luego la abrazó largamente... intensamente, y entonces sí, rompió a llorar.

3. En el cuartel general del mal

Porque no luchamos contra gente como nosotros,
sino contra espíritus malvados que actúan en el cielo.
Ellos imponen su autoridad y su poder en el mundo actual.
Efesios 6:12, TLA

En ese mismo instante, en un lugar sombrío, unos seres oscuros danzan y ríen con carcajadas histéricas. Forman una reunión de "extrañas cosas" con ojos muy hundidos en unas cuencas profundas, por lo que solo un brillo amarillento surge de aquellas cavidades que tienen a ambos lados de una horrible nariz.

Solo de cerca inspiran temor, de lejos más bien mueven a la risa.

Sus cabezas son desproporcionadamente grandes para unos cuerpos menudos, maltrechos, deformes y encogidos. Además, esa testuz redonda y enorme está cubierta de protuberancias, como colosales forúnculos que las desfiguran. La risa de esos seres suena histérica y desafinada. No es una risa contagiosa, sino odiosa. Todo en ellos transmite una indefinible sensación de vulgaridad ruin.

Es el cuartel general del mal, donde los demonios aguardan a ser comisionados y desde donde parten a cumplir las misiones que les encomiendan.

Viéndolos festejar parecen ir desnudos, pero es difícil precisarlo, pues la piel de tono verde oscuro hace pliegues por todos lados, como si les sobrasen kilómetros de un pellejo que tiene el aspecto de una coraza, similar a lo que cubre al armadillo, pero húmedo, como si segregase una baba de aspecto verdoso.

—¡Esto está saliendo mejor de lo esperado! —grita uno.

—¡Lo estamos logrando! —jalea otro.

—Ese hombre… ¿cómo se llama? —con su índice huesudo y artrítico se rasca la cabeza, haciendo memoria.

—¡Julio! —replica un compañero.

—¡Eso! ¡Julio!, pues ¡Julio está frito! ¡Julio no llega ni a agosto! —ríe, histérico, con su ocurrencia.

—¡Lo tenemos vencido! —grita el primero antes de liberar también su irritante risa.

Sus carcajadas son sonidos guturales que raspan el oído y arañan el alma. Ruido que denota triunfo, pero no victoria; regodeo, pero no felicidad; estrépito exento de complacencia, como si allí abajo no pudiera existir felicidad, satisfacción y genuina alegría. Solo bullicio y algarabía.

—Lo extraño es que la víctima esté tan desanimada ahora —quien opina es otro de los demonios que, con aspecto de holgazán, está medio recostado sobre una piedra—. Ese individuo siempre se mantuvo firme a nuestros ataques, y mira que hemos empleado contra él la mejor artillería. ¿Recuerdas cuando hicimos que su negocio fracasara?

—Quedó en la ruina más absoluta —reconoció su compañero—, pero se rehizo...

—Sí, el tipo tiene una fe asquerosamente activa, pero luego nos cebamos en su salud y lo dejamos hecho una piltrafa. ¡Tenía dolor hasta en el pelo!

—Lo pasó muy mal —recordó el interlocutor—, pero se rehizo...

—Ese individuo está contaminado de fe hasta la médula. Es una amenaza fuerte, por eso no nos anduvimos con chiquitas, y todo lo aguantó sin titubear, pero ahora... ¿Por qué será que ahora se ha vuelto tan endeble?

—¡Pareces tonto! —le reprocha un mando superior de aspecto igual de repulsivo, pero con un porte que denota mínimas trazas de dignidad. Lleva unas gafas redondas que le dan aspecto de intelectual, sensación que se acentúa cuando habla utilizando un lenguaje malvado, pero selecto—. ¡Qué poca perspicacia tienes! Nunca pasarás de tentador subalterno. En las ocasiones anteriores lo atacamos a él y a sus cosas, pero ahora el blanco es su mujer, su compañera de vida, por eso le duele más. Los humanos padecen ese odioso y vomitivo sentimiento al que llaman amor, un virus que logra transmutar las desgracias haciendo que lo que le ocurra al ser a quien aman les duela a ellos más que a la víctima directa.

Un ser oscuro, más grande aún y ubicado sobre una roca que le confiere visibilidad de todo el valle oscuro y humeante, se mesa la barbilla llena de verrugas y rasca su negra cabeza de la que cuelgan precariamente cuatro pelos.

—De todos modos, no debemos fiarnos. Algunos pacientes en situaciones más críticas recibieron un hálito de fe y remontaron la crisis. Ya sabes que un gramo de fe es capaz de neutralizar toneladas de angustia. Ahora que está débil no cometamos el error de descuidarlo —se dirige al que sigue recostado con aspecto de holgazán y también al que es un poco más alto—. Origon y Geseno, os asigno la responsabilidad de ese hombre. Redoblad el ataque y no falléis o lo lamentaréis toda la vida...Y ya sabéis que aquí, vida se traduce como eternidad.

Cuando el más pequeño de los dos se pone en pie es aún más evidente su deplorable aspecto: tiene las orejas desmesuradamente grandes y separadas del cráneo, mide casi lo mismo de ancho que de alto y camina con los pies abiertos, uno hacia el este y el otro hacia el oeste, haciendo que a pesar de su escaso tamaño requiera un espacio muy ancho para poder avanzar.

—¿Yo? —enarca sus cejas en un gesto de sorpresa—. ¿Con Geseno? ¡No, por favor! —quien suplica es Origon, un demonio de rango intermedio. Tiene algún rasgo que hace pensar que en algún tiempo muy lejano pudo haber sido apuesto, pero la nariz aguileña, doblada hacia abajo como un pico que amenazase con hincarse en su pecho, y los granos, que como feos forúnculos siembran su frente, lo hacen repulsivo. —.

—¿No hay otro compañero disponible?

—No —exclama el jefe—. Si llegaste a ser subsecretario del departamento de tentaciones graves fue para que enseñes a otros y ayudes a los demonios más flojos.

—¡Pero esto no es un demonio, sino un desastre! —señala a Geseno y luego se lleva ambas manos a la cabeza—. No solo es necio, lo peor es que a veces tiene arranques de buenas intenciones. El otro día se le saltaron las lágrimas cuando conseguimos consumar un divorcio. ¡Se puso a moquear viendo al hombre abandonar la casa y a los niños que lloraban en la puerta! ¡Si hasta su nombre, Geseno, se parece a Gusano!

—¡Eh! ¡No ofendas! —la paciencia del demonio subalterno también tiene un límite—. Tú tampoco puedes presumir de nombre, Origon se parece bastante a Orugón.

4. Cuando lo inesperado llega

En ocasiones ocurre que se abre el foso negro de la vida.
Es entonces cuando la fe nos proporciona alas.
J.L. Navajo

Julio seguía con el rostro pegado al ventanal y sumido en su recuerdo.

Tres semanas antes su vida discurría en la más placentera de las monotonías. Siempre pensó que la ausencia de noticias es la mejor noticia, y pudo comprobarlo con crudeza cuando el terrible comunicado dinamitó los pilares centrales de su existencia.

Ahora, con sus ojos todavía fijos en la cortina de lluvia que se abate en el exterior, Julio rememoraba ese día en el que todo cambió.

Era temprano también y, al igual que esa mañana, degustaban el desayuno. Tras dar un largo sorbo al café, recio y cremoso, Julio preguntó:

—Cielo, ¿a qué hora te han citado?

—Debemos estar en la consulta del doctor a las ocho y cuarto —le recordó Sara.

—¡Uff! Son las siete —apuró el café y llevó su taza al fregadero—. No nos sobra tiempo. Voy a ducharme.

Antes de abandonar la cocina se giró hacia Sara y le preguntó:

—¿Qué te dijo exactamente la persona que llamó? —la inquietud confería un tono de exigencia a la pregunta.

Sara se lo había contado tantas veces que estaba segura de que su marido podría recitarlo de memoria, no obstante, con admirable paciencia volvió a repetirlo:

—Beatriz, la secretaria del doctor Sánchez, me dijo que pasemos hoy a las ocho y cuarto. El doctor desea vernos para comentar los resultados de las pruebas que me practicaron.

—Pero esas pruebas te las hicieron hace solo tres días —replicó Julio—. ¿No te explicó la razón de tanta urgencia?

—No, amor, las pruebas me las hicieron anteayer; hace dos días —rió intentando distender el ambiente—, y ya te he dicho que le pregunté si podía adelantarme algo —su voz destilaba paciencia—. Beatriz me respondió que no está autorizada a dar detalles, pero que estuviera tranquila, que allí recibiremos toda la información.

Julio asintió con un movimiento de cabeza casi imperceptible. Muchas frases se agolpaban tras la compuerta de sus labios, pero ninguna era tranquilizadora, así que decidió silenciarlas. Cuando hubo subido dos peldaños se giró de nuevo.

—Cielo —llamó.

—¿Sí?

—Te quiero.

Ella, por toda respuesta, le dedicó una radiante sonrisa junto a un guiño adolescente y un beso soplado sobre la palma de la mano.

Siguió ascendiendo las escaleras rumbo al dormitorio. Recordó la frase, aunque le fue imposible memorizar dónde la leyó o quién se la dijo: *"envejecer es celebrar que te salieron bien los análisis de sangre"*. Era evidente que estar tan inquieto por la salud era propio de personas muy mayores, pero ellos no lo eran tanto. Apenas habían cruzado el umbral de los cincuenta. Pese a ello no podía sacudirse la preocupación que se había convertido en un pesado lastre, por lo que cada pierna le pesaba toneladas y escalar un peldaño se le antojaba tan difícil como coronar el Everest. A cada paso recordaba esa tarde, poco tiempo atrás, en la que corrieron al hospital, acuciados por el intenso dolor que Sara sintió en el abdomen y que se proyectaba hacia la espalda. Se había levantado en la mañana con una molestia abdominal que fue tornándose en dolor, pero después de la comida la punzada se hizo intolerable.

Ahora, mientras se enjabonaba y luego se aclaraba con abundante agua, reflexionó: *No puede ser buena tanta urgencia. En temas médicos la prisa nunca es buena noticia...*

Seleccionó un pantalón vaquero y un jersey fino de tonos corinto —estaban cerca del verano, pero aún refrescaba en esas horas tempranas—, y se peinó el cabello hacia atrás sintiendo que el miedo arañaba sus tripas.

5. En el cuartel general del bien

A sus ángeles mandará acerca de ti,
que te guarden en todos tus caminos.
Salmo 91:11, RVR60

Mientras tanto, en el lugar de luz dos ángeles departían entre sí.

—¡Debemos ayudarlo! —exclamó uno de ellos—. ¡Tenemos que fortalecerlo! No puede rendirse ahora. ¿Después de tantos años de fidelidad va a abandonar? ¿Acaso nunca escuchó que si cortamos el árbol en invierno no volverá a vivir ninguna primavera?

—Lo escuchó —aseguró su compañero—. Incluso varias veces animó a personas con ese mensaje.

Era aquel un lugar con una luminiscencia que impedía ver la fisonomía de esos seres. Un fulgor que alumbraba sin deslumbrar y llenaba cada rincón, transmitiendo a la vez una dulce paz... Sí, esa era la sensación predominante allí: una paz consistente, casi tangible.

No era posible verlos, y, sin embargo, era evidente la dignidad que exhalaban los habitantes de la zona de luz.

Cuando aquellos seres se movían, producían un sonido palpable y casi material.

Se desplazaban en un lugar entre las nubes. Unas nubes grandes y blancas, cuyas formas contrastaban poderosamente con un cielo entre negro y azulado.

¿Majestad, gloria? Esas palabras pueden intentar describirlo, pero ninguna de ellas hace justicia a aquellos seres, totalmente distintos a cualquiera que se haya visto sobre la tierra.

Y junto a su dignidad destacaba su bondad, que se desprendía también de sus palabras.

—Tenemos que ayudarlo —insistió aquel cuya voz era más grave.

—Lo veo difícil, Miguel —difirió el otro—; he intentado comunicarme con él multitud de veces y por varios medios —la voz de este era más fina, un poco aguda, y parecía evidenciar que era más joven—, pero me ha sido imposible; todo intento de conectar con él resulta inútil porque ha perdido la fe.

—Pueden negar que sus ángeles existen —murmuró Miguel con tristeza—. Convencerse de que no somos reales. Pero de todas formas aparecemos. El Ser Supremo sigue amándolos y nos envía en su ayuda. No hay silencio que Dios no entienda, ni tristezas de las que Él no sepa. No hay amor que Él ignore, ni lágrimas que no valore... porque Él los ama.

—Es cierto lo que dices —aceptó Ariel—. Ojalá pudiesen llegar a captar esa verdad. Tendrían más gozo y menos preocupaciones, menos canas y más risas.

—Así que a nosotros no nos escucha —repuso—. ¿Qué opinas, Ariel, habrá alguien a quién oiga a pesar de estar tan desanimado?

—¡Sí! —había triunfo en su voz—; tengo un plan, pero debo advertirte que jamás hemos desarrollado algo parecido a lo que voy a proponerte. Será algo tan extraño que requerirá autorización de la más alta Instancia.

6. En la consulta médica

No temerás ningún desastre repentino, ni la desgracia que sobreviene a los impíos. Porque el SEÑOR estará siempre a tu lado y te librará de caer en la trampa.
Salomón (Proverbios 3: 25-27, NVI)

Julio rememoró cómo, poco después y a la hora prevista, el doctor Sánchez los recibía. Su cabello blanco, abundante y cuidadosamente peinado a raya, así como las gafas de varilla metálica conferían al galeno un aspecto de respetable intelectual que proyectaba confianza. Exhibía la sonrisa como gesto natural, lo que aportaba un toque afable y tranquilizador.

El despacho médico era amplio y también muy luminoso, gracias a un ventanal que se abría al exuberante jardín en el que eran evidentes las huellas de la ya casi extinta primavera. Los ojos de Sara repararon en los enormes rosales del exterior, perfectamente alineados, y que competían en exhibir sus flores de carnosidad inusitada y brillantes colores. Julio, mucho más práctico, dejó resbalar su mirada por el escaso mobiliario del consultorio, sencillo, pero moderno, en el que destacaba la mesa de trabajo del doctor. Era de madera, lacada en blanco y muy despejada. Sobre ella solo había un grueso volumen en cuyo lomo podía leerse "Vademécum Académico de Medicamentos" y al lado una carpeta con el enunciado "Historiales Clínicos". Esa pulcritud y orden denotaban que el doctor Sánchez era una persona metódica y ordenada, lo cual aportaba también su dosis de confianza.

Frente a la mesa había dos sillas tapizadas en piel blanca y al otro lado un sillón de cuero negro que ocupaba el doctor. El fondo de la estancia quedaba cubierto por un biombo que daba privacidad a la zona donde el médico practicaba los reconocimientos a sus pacientes.

En las paredes colgaban cuadros, la mayoría de los cuales lucían láminas alusivas al interior del cuerpo humano, y en otras podían verse acreditaciones médicas, reconocimientos profesionales y certificaciones académicas del doctor Sánchez. Todos enmarcados en el mismo tipo de madera blanca que combinaba con el escaso mobiliario del consultorio.

El aspecto del doctor infundía serenidad; otra cosa era cuando hablaba. Ese médico hacía honor a la frase "es encantador hasta que abre la boca", porque el galeno tenía la costumbre de iniciar su conversación con frases que parecían títulos de películas de *Spaguetti western* o de cine negro.

—Todos los ases están sobre la mesa, señora Pérez, —dijo, apenas Sara y Julio hubieron tomado asiento.

—Llámeme Sara, por favor. — En cuanto lo hubo dicho, se preguntó a cuenta de qué le estaba haciendo esa concesión; obviamente había sido fruto del nerviosismo. Entonces decidió añadir—: Y le agradezco si puede explicarme qué es eso de los ases sobre la mesa.

—Me refiero, Sara, a que dispongo ya de los resultados de todas las pruebas que se le han practicado.

Aunque el doctor intentó disimularlo, no pudo evitar que cierto nerviosismo impregnase las palabras. Extendió varios papeles sobre la superficie blanca de su escritorio, e incluso giró alguno hacia ellos, como si fuesen capaces de descifrar aquel galimatías clínico.

—¿Y bien? —interrogó Julio con inquietud.

—Disparos al corazón… —el doctor se acodó en la mesa, entrecruzó los dedos, apoyó la barbilla en ambos pulgares y les enfocó con una gigantesca dosis de empatía en la mirada—. Todos los resultados coinciden, los análisis de sangre, la resonancia magnética, la ecografía abdominal, la ecografía endoscópica y también la colangiopancreatografía…

—¡Por Dios! —Julio lo gritó, incluso se incorporó de la silla y sacudió los brazos—. ¿Quiere decirnos de una vez lo que tiene mi esposa? —Sara lo tomó de la mano y tiró delicadamente invitándolo a sentarse. Julio enseguida se dio cuenta de lo improcedente de aquel arranque de furia y se disculpó—: Lo siento, no era mi intención alzar la voz, pero, ¿puede usted comprender que estamos asustados?

—Lo comprendo perfectamente, no se preocupe —el médico palmeó con cordialidad la mano que Julio tenía sobre la mesa—. Supongo que no debo andarme con más rodeos —se aclaró la garganta y a continuación explicó—: Lamento decirles que todos los resultados de las pruebas practicadas son compatibles con la presencia de una masa tumoral. No nos cabe duda de que estamos ante un adenocarcinoma pancreático...

—Doctor —la voz de Sara sonó suplicante—, por lo que más quiera, háblenos en nuestro idioma...

—Sorpresa crítica, Sara —el médico carraspeó de nuevo, intentando desprender la aprensión que estrangulaba su garganta—, estoy refiriéndome a un cáncer de páncreas...

Julio sintió que se le nublaba la vista a la vez que percibió la mano de Sara aferrándose a la suya como suplicándole que la sostuviera.

¿Por qué había anochecido de repente? ¿Quién había apagado de golpe todas las luces de allí adentro?

Ambos se recostaron en el asiento por temor a desvanecerse. Luego miraron al doctor con gesto suplicante, como rogándole que dijese que se había equivocado, que no era ese el diagnóstico. Este los observaba con un gesto, entre comprensivo y compasivo. Genuina empatía desbordaba en su mirada, pero nada de eso podía aliviar lo que Sara y Julio sentían.

7. ¡La alegre patrulla!

La infancia es una etapa maravillosa.
No hay pasado, no hay futuro; solo un presente que se mira con inocencia e ilusión.
Carla Montero

Julio regresó de su recuerdo al percibir el reconfortante calor de los brazos de Sara que, de nuevo, lo envolvían desde atrás. Así, abrazados frente al cristal que chorreaba lluvia, se mantuvieron por varios segundos. Ella, en silencio, oraba; él rememoraba.

En ese momento el teléfono sonó y Julio fue a atenderlo.

—¡Hola, abu! —la voz inconfundible de su nieta Emma prendió una chispa de ilusión en el ánimo de Julio. Para sus tres nietos él era abu y Sara era aba—. Abu, ¡ya tengo preparada la maleta para ir con vosotros a la playa!

—¡Qué bien, cariño! ¿Llevas muchas cosas?

—¡Sí! —la voz de la niña de cinco años desbordaba entusiasmo—. Tengo un traje de baño nuevo y unas *zapas* de playa muy chulis...

—¿Unas *zapas*? ¿Qué es eso? —interrumpió Julio.

—Zapatillas, abu —replicó la niña adoptando un tono condescendiente ante la ignorancia de su abuelo—. Y para el viaje llevo mi mochila de Frozen con un montón de cuentos para leerles a Ethan y a Oliver —aquí su voz transmitía resignación—: como son tan pequeños, si no les leo cuentos se pondrán muy pesados en el viaje.

El timbre infantil e ilusionado de Emma dibujó una sonrisa en el rostro de Julio y obró como brisa purificadora en la atmósfera de su alma.

Estaban a punto de iniciar unas breves vacaciones en compañía de sus tres nietos, ya que sus hijas trabajaban. Sara había decidido no tomar ningún tratamiento médico hasta regresar, pues no quería que nada estropease los días de playa que desde hacía mucho tiempo habían planificado pasar con los pequeños. Prefirieron, incluso, no mencionarles a sus hijas el percance de salud que atravesaban. Ya lo harían al regreso.

8. De vuelta al recuerdo

La paz les dejo; mi paz les doy. Yo no se la doy a ustedes como la da el mundo. No se angustien ni se acobarden.
Jesús de Nazareth (Juan 14:27, NVI)

Cuando Julio concluyó la conversación con Emma se mantuvo con el teléfono en la mano y no pudo evitar que su mente lo trasladase de nuevo al recuerdo... A la consulta médica del doctor Sánchez.

—¿Es grave, doctor? —apenas la hubo formulado, Julio se dio cuenta de lo ridículo de la pregunta. Incluso temió que, siguiendo su costumbre, el doctor Sánchez iniciase su discurso con la sentencia: crónica de una muerte anunciada.

—Escuchen —respondió con tono afable y sereno—, todos los que ocupamos esta sala estamos vivos, y mientras hay vida hay esperanza. Les aseguro que haremos todo lo que esté a nuestro alcance. Todos los recursos de esta institución hospitalaria están desde este momento a su disposición —fue la anestesia antes del crudo comunicado—: pero no puedo ocultarles que nos enfrentamos a uno de los tumores más agresivos que existen. Se encuentra, además, en una fase avanzada y tememos —pluralizó el verbo, como implicando a otras personas en un intento de no aparecer como único culpable del aciago comunicado— que pueda haberse producido metástasis.

—¿Cáncer de páncreas? —Julio se puso en pie de un salto, como si de pronto hubiese calibrado el cruento comunicado, y negó con su cabeza, llevando la barbilla de hombro a hombro—. ¡Por Dios! ¡Sara jamás ha probado una gota de alcohol!

El doctor, también en pie, parecía reflexionar cruzados los brazos y apoyada la barbilla en los dedos índice y pulgar de su mano derecha.

—Es cierto que el abuso del alcohol es uno de los causantes de ese tipo de cáncer, pero no es el único —sus palabras brotaban con determinación a la vez que con serenidad—. Hay otros muchos factores desencadenantes.

Julio se mantuvo erguido, sosteniendo la mirada del doctor como si aquello no fuera con él. Sin embargo, luego reconocería que en aquel momento hubo de meter ambas manos en los bolsillos para evitar que se viera cómo le temblaban. Y que la cabeza se puso a darle vueltas como si estuviera en el ingenio giratorio de la feria.

Sara mantenía la mirada fija en el suelo y extendiendo su mano derecha tomó la izquierda de su marido. Este optó por sentarse junto a ella y posar sus ojos en el grueso vademécum médico que reposaba sobre la mesa del doctor. Tras un lapso de tiempo que a todos se les antojó larguísimo, ella alzó la mirada y preguntó:

—¿Por qué no lo detectaron antes? —no había reproche en su voz, la pregunta sonó casi dulce. No era reproche, no, solo inquietud—. Doctor, siempre he sido rigurosa en mis controles médicos; me hice analíticas y revisiones...

—Asesino silencioso —el galeno seguía enlazando títulos de cine negro—. Así denomino yo a este tipo de tumor. El páncreas es un órgano que está localizado tras el estómago y los tumores se camuflan allí con demasiada facilidad, ocultos por tejidos adiposos. Puede estar allí guarecido durante muchísimo tiempo —suspiró antes de continuar—: para complicarlo más, el cáncer pancreático no presenta síntomas en las etapas tempranas. Por esa razón la mayoría se diagnostican en estadios avanzados, cuando ya causaron daños irreparables...

—Doctor —interrumpió Julio aproximándose a la mesa cuanto pudo y enfocando al médico con una mirada intensa—, ¿qué esperanza hay? —sin pestañear insistió—: ¿hay alguna esperanza?

Sánchez mantuvo la mirada en Julio, pero no acertó a pronunciar una sola palabra. Su repertorio de películas se había agotado, y el mutismo del médico fue la peor respuesta.

9. Operación desánimo

El desánimo es la piedra que todos tenemos que pisar para cruzar el río. Puede que caigas, pero puedes levantarte o nadar para alcanzar la orilla.
J. L. Navajo

—No te voy a pedir que seas ocurrente, ni inteligente, solo te pido que seas obediente —con un dedo índice deformado por la artritis, Origon señalaba a la cara de Geseno—. Yo mando y tú actúas. ¿Entendido?

Geseno estaba recostado en una piedra que tenía forma de sillón. Observaba a su compañero con una mezcla de desidia e indiferencia.

—Te entiendo perfectamente.

—Bueno, pues el plan que desarrollaremos será el más básico, pero suele ser el más efectivo: operación desánimo.

—¿Y eso cómo se hace? —quiso saber Geseno.

—Se trata de que nuestro paciente no encuentre ningún sentido ni razón a lo que les está pasando. Los humanos tienen una terrible capacidad de soportar el infortunio cuando creen que hay un propósito para el dolor, pero se desmoronan ante la sinrazón del sufrimiento.

—¿Y cómo lo hacemos? —volvió a preguntar Geseno, quien era limitado también en el arte de interrogar.

—A través de su mente —había un tono triunfal en la voz de Origon— el timón de sus actos está en su pensamiento. Susurrémosle frases lapidarias: "no hay propósito", "no hay futuro", "no hay respuesta"... Lo demás llegará por sí solo.

—Me gusta —aplaudió ridículamente Geseno—. Parece un trabajo fácil.

—No te fíes —advirtió Origon—. Ese tipo es un enemigo tenaz y obstinado. Otra cosa. Debemos aislarlo, que busque la soledad todo lo posible, que no comparta su carga con nadie; que no busque llevar su cruz a medias con un compañero de batalla. Que no sepa que cuando está con su dolor a solas está en mala compañía. Que no busque ayuda ni consuelo en nadie, y mucho menos en Dios. ¡Que no se arrodille en oración! ¿Entiendes? ¡Que no se le ocurra arrodillarse en oración!

10. Callejón sin salida

Deja que tus esperanzas, y no tus heridas,
den forma a tu futuro.
Robert H. Schuller

Sara decidió intervenir:

—Doctor Sánchez, se lo ruego, háblenos claro —su voz, aunque frágil, sonó firme—. No tenga temor de lastimarnos. Tengo derecho a conocer la verdad y quiero conocerla.

En ese punto Sánchez se incorporó y rodeó la mesa para acercarse a su paciente. Sentado a medias sobre su escritorio inició la explicación:

—Muerte al acecho —tras el aciago título, posó su mano derecha sobre el hombro de Julio y la izquierda sobre el de Sara. Ambos percibieron una sensación reparadora en este cálido gesto, pero lo peor venía a continuación.—Miren, por un lado, la situación que enfrentan no es algo extraño ni exclusivo. Solo en España cada día ochocientas personas son diagnosticadas de algún tipo de cáncer —en la continuación de su discurso su voz bajó varios tonos—: solo en España cada día trescientas personas fallecen a causa de algún tipo de cáncer...

—Doctor Sánchez —Julio seguía muy alterado y su estado de ánimo permeaba sus palabras—: con todo respeto hacia usted, hacia las estadísticas y hacia cada una de las víctimas de esa maldita enfermedad, lo que nos cuenta no responde a la inquietud que mi mujer le ha transmitido.

—Le comprendo —el doctor asintió con calma—, y voy a ello ahora mismo.

La paciencia y tranquilidad del doctor admiró al mismo Julio, quien se sintió incómodo ante la falta de autocontrol que estaba demostrando. Una máxima en la que siempre creyó afloró en su conciencia: *Quien de verdad sabe de qué habla no encuentra razones para levantar la voz, incluso es capaz de callar, porque nada refuerza tanto la autoridad como el silencio.* Interiormente decidió mantener la calma, aunque estuviera destrozado.

La voz de Sánchez le sacó de sus reflexiones:

—Hablemos del caso concreto que les compete: Cada día más de mil personas son diagnosticadas en todo el mundo de cáncer de páncreas —miró a ambos con fijeza antes de continuar—: de ellas, aproximadamente novecientas ochenta y cinco no lo superarán. El cáncer de páncreas es el más letal que existe; solo un cinco por ciento de los pacientes sobreviven más de cinco años tras el diagnóstico, y el setenta y cinco por ciento no supera el primer año —ahora posó sus ojos en los de Sara para concluir—: Lo lamento, me pidieron claridad. En casos como el suyo, Sara, sin un tratamiento activo la supervivencia es de tres a cinco meses.

—¿Cuándo la operarán? —la voz de Julio temblaba.

—La operación está descartada —el discurso de Sánchez chorreaba transparencia—. Las características, localización y extensión del tumor impiden que sea extirpado; deberíamos comenzar con un tratamiento basado en quimioterapia mientras valoramos el uso de inmunoterapia.

—¿Inmunoterapia? —la interrogante brotó de los labios de Sara.

—Es un tratamiento muy novedoso que consiste en activar el sistema inmunológico del propio paciente —explicó el doctor—. De ese modo el propio organismo lucha contra el mal. Está demostrando ser muy efectivo en determinados casos —puso tanto énfasis en la palabra *determinados,* que el optimismo de la noticia se vio totalmente diluido, más aun cuando añadió—: Y siendo obediente a su premisa de que les hable con toda claridad, debo advertirles que la inmunoterapia no es una opción que se pueda emplear en todo tipo de tumores. Debemos analizar el suyo en particular, para determinar si es viable aplicarla.

Secuencias de una película se reproducían de forma pertinaz en la mente de Julio cuando salían de la consulta, desmoronando su ánimo. ¿El título de aquel largometraje? *Cien balas en la noche.*

Le parecía estar dentro de un pesado sueño, una atroz pesadilla. Nada de lo que estaban viviendo tenía el más mínimo sentido.

Ese fue el instante en que Julio perdió el apetito, perdió también el sueño, y lo que es peor, vio dinamitada su fe.

SEGUNDA PARTE

UNAS SORPRENDENTES VACACIONES

11. Se reúnen los primos

En cada niño se debería poner un cartel que dijera:
Tratar con cuidado, contiene sueños.
Mirko Badiale

¡Amaneció el día en que iniciarían sus vacaciones!

Antes de acudir a sus trabajos, sus papás dejaron a Emma y a Ethan en casa de los abuelos. Oliver, que con solo dos años era el más pequeño de los tres, ya estaba allí y los esperaba con ansia.

—"¡*Pimos*!" —gritó a sus primos mientras corría a abrazarlos.

De cabello rubio y con una sonrisa pícara siempre en el rostro, la vitalidad de ese pequeñín era increíble y a veces insufrible. No paraba, salvo que estuviese durmiendo, y aun durmiendo hablaba con frecuencia y se sacudía como si bailase. "Es inquieto hasta decir basta, comentaba su madre, sale movido hasta en las fotos". Cuando corría, sus cortas piernitas apenas se veían por la velocidad con que las movía. Aquel derroche de energía sorprendía en un cuerpecito tan pequeño. Se había ganado a pulso el título de "el pequeño gladiador".

Ethan lo abrazó con fuerza. Era solo un año mayor que él, pero se sentía como su protector. Ethan tenía también el cabello muy rubio, pero a diferencia de su primo lo llevaba bastante largo. Con su carita redonda y aquella ondulada cabellera, tenía todo el aspecto de un ángel de los que tocan el arpa sentados sobre una nube. Su temperamento, en el que predominaba una extrema sensibilidad, también avalaba su candidatura a criatura angelical.

Sara acomodó a los tres en la mesa de la cocina y les puso el desayuno.

—¡La taza de Mickey es mía! —protestó Ethan cuando vio a Oliver apropiarse de ella.

—¡Míííooo! —exclamó el pequeño gladiador aferrando la taza con ambas manos y pegándosela al pecho.

Oliver era de frases cortas, pero contundentes. Otra de sus características era un desarrolladísimo sentido de la propiedad. Su lema en la vida era "lo mío es mío y lo tuyo es mío". En una ocasión su tutora en la escuela infantil habló con la madre, preocupada porque Oliver, en el tiempo estipulado para dormir, lo hacía abrazado a sus zapatos, como si temiera que alguien fuese a quitárselos mientras dormía.

—Mííiooo —repitió aferrado a la taza decorada con el ratón de Disney.

—Daos prisa —pidió Julio—. En cuanto desayunéis nos pondremos en camino. Me gustaría llegar a la playa antes de la hora de la comida.

Los tres pequeños observaron a Julio con admiración. Lo querían mucho y era un referente para ellos. Él lo sabía y eso suponía un halago, aunque el honor estaba teñido de una fuerte responsabilidad.

—¡Mira, abu, lo he dibujado para ti! —Emma le entregó una hoja de papel.

—¡Qué dibujo tan bonito! ¡Gracias, Emma! —Julio abrazó a la niña. Luego separó la hoja para ver mejor el dibujo y replicó—: Es un avión un poco raro. ¿Qué clase de avión es este?

—¡No es un avión, abu! —la niña movió la cabeza a derecha e izquierda, asombrada de la poca perspicacia de su abuelo—. ¡El del dibujo eres tú!

—Pero ¿y esas alas?

—¡Abu, no son alas, son tus orejas!

Con su tez morena y el cabello largo y rizado Emma poseía una belleza exótica. Generalmente lucía un semblante serio que le confería un halo enigmático. Había algo singular en la mirada de Emma: por una parte era muy serena, casi fría, como el agua de un estanque una mañana de invierno, pero ese gesto podía quebrarse de pronto en una sonrisa cálida y acogedora, como un golpe de calor fundiendo una placa de hielo. Además, en cualquier momento y con asombrosa facilidad, rompía el ademán serio con una risa espontánea y contagiosa. Emma era muy expresiva en su cariño. Cada vez que veía a sus abus corría desde lejos para saltar, en la seguridad de que los fuertes brazos de su abuelo la sostendrían. Entonces se abrazaba con fuerza a su cuello y pegaba su cara al rostro de su abu. Hizo lo mismo una vez con su abuela. Fue la primera y última vez que probó con ella el vuelo sin motor, pues cuando ambas acabaron rodando por el suelo entendió que era más prudente e igual de efectivo abrazar la cintura de aba y expresarle lo mucho que la amaba.

En definitiva, los tres pequeños formaban un equipo capaz de arrancar la carcajada al tipo más sombrío, pero cuando estaban juntos podían ser dinamita para el sistema nervioso del más sereno e imperturbable de los seres humanos.

Eran la alegre y temible pandilla.

12. Ángeles

Cuando te parezca que es imposible que haya
más oscuridad abajo, alza la vista;
verás que es imposible que haya más luz arriba.
J. L. Navajo

En el lugar de luz la atmósfera era tan terapéutica como siempre. Daba la sensación de que cada milímetro de aquel lugar estuviera impregnado de un oxígeno sanador y una música imperceptible en el ámbito natural, pero totalmente perceptible en el psicoemocional. Sonaba continuamente acariciando el alma y arropándola con un manto de serenidad.

—Así que a nosotros no nos escucha —lamentó el ser de luz—. ¿Habrá alguien a quien esté dispuesto a escuchar a pesar de su decaimiento? Estoy impaciente por escuchar ese plan tan extraño que mencionaste antes.

La respuesta llegó en la voz de aquel ser angelical cuyo timbre lo hacía parecer más joven: Ariel.

—Días atrás observé cómo tres pequeños se acercaban al abuelo quien, sentado en el patio, leía un libro.

—¿Sus nietos? —interrogó Miguel.

—Así es. Ethan se sentó sobre las rodillas de Julio, Oliver le trepó por la espalda y Emma le tomó de la mano mientras decía: "Abu, cuéntanos una historia espeluznante, pero de risa".

—Conozco las historias que les relata —la voz de Miguel sonó plácida—. Hasta a mí me encantan. Es increíble cómo logra mezclar grandes dosis de intriga con giros de humor que hacen las delicias de los niños.

—Pues, aunque lo último que en ese momento le apetecía al abuelo era relatar una de esas historias —titubeó un instante Ariel, y enseguida añadió—: aunque agotado por fuera y roto por dentro, dejó el libro que leía y extendió unos almohadones por el suelo. "Está bien, pequeñajos — bromeó poniendo voz amenazante—. Sentaos aquí, que vais a saber lo que es pasar miedo".

Los niños, temblando de emoción, se sentaron muy juntos y pusieron a Oliver, el más pequeño, en medio, como intentando protegerlo. Julio también tomó asiento sobre uno de los almohadones y comenzó a relatarles una estremecedora historia que hizo que los pequeños se apretujasen entre sí, estremecidos, y poco después, con el giro humorístico del relato del abuelo, se revolcaban por el suelo muertos de la risa.

—¿Te das cuenta? —dijo el compañero—. El pobre está agotado, pero no deja de complacer lo que sus nietos le piden. Sin duda, a ellos los escuchará.

—Sin embargo, me encantaría que pudiésemos hablar nosotros directamente con él...

—Lamentablemente no es posible —repuso Miguel con su voz grave—, pues como te he dicho, ha perdido la fe y eso hace imposible que nos escuche. No podrá vernos, ni tampoco oírnos, pero esos niños tienen una fe intacta y pueden percibirnos sin dificultad...

—¿Crees que debemos pedir permiso a las más altas instancias?

—¿Para usar como portavoces a los niños? No es necesario —aseguró Miguel—. Dios, durante su misión en la tierra, ya utilizó los recursos de algún niño para alimentar a los adultos. Esos niños serán nuestros emisarios y una vez más quedará demostrado que en los más pequeños se perfecciona la alabanza.[1] Ariel reflexionó un momento, al cabo del cual asintió a las palabras de su compañero y recordó:

—Dios cree en los niños con una fuerza equivalente a la inocencia con la que ellos creen en Dios. Recuerdo las palabras con las que el Ser Supremo se refirió a ellos: *Tienen el mejor atuendo, una sonrisa; el capital más grande, la fe; la fuerza más poderosa, el amor.*

1. Ver Mateo 21:16.

13. ¡De vacaciones!

La risa es el sol que ahuyenta el invierno del rostro humano.
Víctor Hugo

El calor arreciaba cuando iniciaron el viaje. Ya antes de abordar el coche Julio sudó copiosamente al intentar acomodar el equipaje en el portamaletas. Mientras Sara instalaba a los tres niños en el asiento trasero del vehículo él intentaba hacer lo mismo con las maletas. Después de emplearse a fondo, introducirlas, volver a sacarlas, colocarlas y recolocarlas en todas las posiciones imaginables y algunas difíciles de imaginar, consiguió que varios bultos colmaran la capacidad del baúl. A sus pies quedaban otras tres maletas, además de innumerables bolsas que contenían mil cosas que Sara y los tres pequeños habían asegurado que eran imprescindibles.

—Imposible meter aquí adentro más equipaje —advirtió—. Tendremos que decidir qué nos llevamos y qué dejamos.

—¿Me permites? —dijo Sara con inquietante calma.

Julio se hizo a un lado con un rictus irónico en su rostro. Ella ignoró el gesto de "no lograrás nada" y comenzó a maniobrar con maletas y bolsas. Diez minutos después todo el equipaje estaba dentro del coche y si Sara hubiese querido, también a él podría haberlo acomodado en el portamaletas.

Julio carraspeó al recordar que una situación parecida ocurría cuando intentaba colocar los platos usados en el lavavajillas. Con cinco platos y cuatro vasos colmaba la capacidad de la máquina, sin embargo, Sara lograba introducir cinco vajillas completas, cuatro cuberterías y hasta al gato era capaz de ponerlo a lavarse allí adentro. Hubo un tiempo en que estas cosas lo inquietaban, pero ya había dejado de intentar encontrar explicación a esos fenómenos paranormales.

—¿No te parece una imagen preciosa? —Sara miró a los tres niños ocupando sus sillas de seguridad en el asiento trasero y luego enfocó a Julio con la ilusión dibujada en el rostro—. Estoy segura de que van a ser unos días maravillosos.

—Ojalá tengas razón —repuso él poco convencido, pero abrazándola con ternura—. Necesitamos días maravillosos.

El trayecto de cuatrocientos kilómetros permitió que la pregunta: *¿Cuándo vamos a llegar?*, resonase más de mil veces en el asiento trasero, y la de *¿Cuánto falta?*, superó a la primera por otras mil.

Emma, apenas el coche se puso en movimiento, abrió su mochila de Frozen y extrajo de ella un montón de cuentos que empezó a leerles a su hermano y a su primo, pero eso hizo que comenzase a sentir náuseas y a punto estuvo de provocar un pequeño desastre dentro del automóvil.

—Abu, me estoy mareando —advirtió.

Un vistazo al rostro de la niña fue suficiente para que detuviera el vehículo rápidamente y sacase a Emma justo a tiempo de vomitar en el arcén.

Sus primos observaron la escena, estremecidos.

—"¿*Ta* malita *pima*?" —interrogó el pequeño gladiador.

—Sí, cariño —respondió Sara—, Emma está malita.

—¿Se va a morir mi hermanita? —preguntó Ethan al borde de las lágrimas y con un ostensible temblor en su labio inferior.

—¡No! —Sara soltó una alegre carcajada—. Se pondrá bien enseguida, ya verás. Emma se ha mareado por leer mientras viajamos. A mí me ocurre lo mismo, si leo en el coche me pongo muy malita.

Pronto volvieron a reanudar la marcha. Los dos niños la observaban con un gesto en el que se mezclaban perplejidad y admiración a partes iguales. Ella se dio cuenta y adoptó un ademán de dignidad, como de quien ha salido airoso del peor de los trances. Sonrió al constatar que haber sobrevivido al pequeño suplicio le otorgaba un halo de autoridad y consideró que había valido la pena pasar un mal rato, por lo que durante un tiempo disfrutó de la admiración que provocaba en los pequeños. Pero el silencio duró poco y enseguida retornó la pregunta: *¿Cuánto queda?*, intercalada con la interrogante, *¿Cuándo llegamos?*

Julio suspiró resignado, recordando lo que las mamás de los pequeños solían decir: "Son niños de exterior, como las plantas. Necesitan espacio y libertad; encerrados en casa se sienten morir y matan..."

Era cierto, en casa no soportaban mucho tiempo, pero en el pequeño espacio del coche se sentían asfixiados. Definitivamente su mamá tenía razón: eran niños de exterior...

—¿Queréis que cantemos? —preguntó Sara.

—¡Sí! —replicaron todos al unísono.

Entonaron toda la música infantil contemporánea que existe en español y chapurrearon las canciones más conocidas en inglés. Pero el repertorio se agotó. Sara aprovechó entonces para introducir las canciones que ella, en sus tiempos de profesora de escuela bíblica infantil, cantaba en las reuniones dominicales con los niños. Apenas hubo entonado la primera estrofa, Emma preguntó:

—Aba, ¿qué canción es esa?

—¿Te gusta, cariño? —interrogó Sara ilusionada.

No respondió, sino que volvió a preguntar:

—¿Esa canción se la cantaba Noé a los animales en el arca?

Sara se giró hacia la niña con perplejidad. O mucho se equivocaba o Emma acababa de decirle que la canción era antigua.

—Es aburrida la canción —matizó Ethan con la sinceridad propia de un niño de tres años.

—"*Ti, mu abuida*" —ratificó Oliver en su particular idioma.

Poco después iniciaron el juego de encontrar formas en las nubes. Oliver veía cosas, pero nadie era capaz de descifrar lo que veía, pues usaba las palabras más extrañas para describirlo. Ethan, no importaba la forma que las nubes tuvieran, todas le parecían pollo, pizza o salchichas. Emma era algo más original y acertada al distinguir una formación de nubes que se asemejaba a un elefante y otra a un castillo.

Julio, por su parte, iba embebido en sus pensamientos, que tenían a la salud de Sara como protagonista.

—¡Mira qué árboles tan bonitos, abu! —Emma señaló a un pequeño bosque de catalpas que, como cada inicio de verano, lucían enormes y vistosas flores blancas entre sus grandes hojas con forma de corazón, y conociendo la fruición con que Julio miraba y admiraba la naturaleza, insistió—: ¡Tienen corazones en las ramas y unas flores blancas muy bonitas!

—Sí, son preciosos —fue Sara quien habló, pues Julio, ensimismado, solo asintió con la cabeza.

—¿Verdad que Dios es muy bueno, abu? —Emma insistió, extrañada del silencio de su abuelo.

—Bueno, no siempre estoy seguro de eso —Julio apenas lo susurró.

—¿Qué has dicho, abu? —interrogó Emma.

—Quiere decir que Dios no es bueno, porque es más que bueno —Sara intervino con una sonrisa dirigida a los pasajeros del asiento trasero—. Dios es bueno todo el tiempo, sin importar lo que nos toque vivir —luego palmeó con cariño la mano derecha de Julio, que llevaba aferrada al volante del automóvil.

—Es un poco raro lo que has dicho, aba —apuntó Ethan—, pero es bonito.

—*"Ti, e´ito"* —Oliver solía actuar de eco para sus primos, repitiendo las dos o tres últimas sílabas pronunciadas por ellos. En esta ocasión la resonancia sonó maravillosa.

—¡Abu! —volvió a llamar la pequeña.

—Dime, cariño.

—Te quiero mucho.

Esa declaración de amor, tan espontánea como oportuna, hizo que los labios de Julio se curvaran en una sonrisa, a la vez que la humedad acudía a sus ojos con una inmediatez asombrosa.

14. En la zona oscura

No se preocupen por nada, más bien pídanle al Señor lo que necesiten y agradézcanle siempre. La paz de Dios hará guardia sobre todos sus pensamientos y sentimientos. Su paz lo puede hacer mucho mejor que nuestra mente humana.
Filipenses 4:6-7, PDT

—No debemos permitir que estos días en compañía de esos mocosos lo distraigan y entretengan —resopló furioso Origon ajustándose sus lentes de cristales circulares. Era intelectual y lo demostraba al hablar. Su cabeza estaba tan llena de conocimiento, como vacío de compasión su corazón.

—Manda, jefe. ¿Qué hacemos ahora? —Geseno, con su aspecto de haragán de siempre, estaba recostado sobre una roca y limpiaba sus larguísimas uñas con un pedazo de piedra afilada.

—Seguiremos el protocolo de siempre —repuso Origon—. Por ahora no hay nada que aconseje ir a procedimientos especiales. El punto desánimo ha surtido efecto, así que vayamos al segundo paso: colonizar su pensamiento...

—¿Colonizar su pensamiento? —repitió Geseno como si le hubiese sonado a chino.

—Saturar su mente de pensamientos negativos —explicó con un retintín de fastidio en su voz—. Si colmamos su mente con lo adverso y nocivo no habrá lugar para lo placentero y positivo. Paz y preocupación son elementos excluyentes; no pueden convivir en una misma vida. O tienes paz o estás preocupado. El libro maldito lo dice bien claro: "*No se inquieten por nada; más bien, en toda ocasión, con oración y ruego, presenten sus peticiones a Dios... Y la paz de Dios...cuidará sus corazones y sus pensamientos...*"[2] Hay que hacerle que se concentre en su problema. Si mira hacia arriba estamos perdidos. Una vez que han probado el vuelo, ya siempre caminarán con la mirada puesta en el cielo. Han estado allí y siempre desearán volver. Ese humano llamado Leonardo Da Vinci acertó terriblemente cuando dijo: "*Fija tu rumbo en un propósito y podrás navegar a través de las peores tormentas*".

—Chico, eres asquerosamente elocuente —resopló Geseno.

—Lo intento —presumió—, aunque debo confesarte que eso del cielo y el vuelo no es mío; también se atribuye a ese Leonardo Da Vinci.

—La verdad —resolvió Geseno— es que casi todo lo que dices suena bien, pero no entiendo casi nada...

—¡Su mente, su pensamiento! —siguió reflexionando en voz alta Origon, ignorando a su compañero—. Ya te dije antes que ese debe ser nuestro enfoque. El desánimo que ya le hemos inyectado ha logrado que sus defensas emocionales caigan bajo mínimos; eso deja su mente en un lugar vulnerable. Ahora debemos hacer de su cerebro nuestro aliado. Ellos

2. Filipenses 4:6-9, NVI

se convierten en aquello que piensan. Su mente es un fértil guionista capaz de crear las historias más dulces, pero también las más tenebrosas y destructivas, y aquello que construyen con su mente puede destruir su vida. La conversación que más nos conviene es la que mantenga consigo mismo.

—Pero recuerda que nosotros no podemos leer su pensamiento —replicó Geseno—. Solo sabemos lo que piensan una vez que lo pronuncian. Leer la mente es un poder que solo tiene nuestro enemigo, maldito sea.

—Es cierto que no podemos leer sus pensamientos, pero sí podemos infundírselos...

—Compañero —replicó Geseno—, cada vez te explicas peor, no entiendo lo que quieres decirme.

—Si leyeses un poco —le espetó Origon—, en vez de pasarte el día mirando las musarañas, a lo mejor así me entenderías. Lo que quiero decir es que podemos susurrarles el tipo de pensamientos que deseamos que tengan. Debemos crear un monólogo constante sobre lo desdichado que es y la mala racha que está atravesando...

—Pero también tiene un montón de cosas hermosas —renegó Geseno—. Tiene una esposa que lo ama demasiado, unas hijas que lo veneran, unos nietos que corren tras él. ¿Y si decide ver lo mucho que tiene?

—¡De eso se trata, imbécil! —Origon perdía la paciencia—, de que no mire lo mucho bueno que tiene, sino aquello que le falta. Si fija su mente en lo oscuro, no le quedará posibilidad de ver lo mucho que disfruta y el regalo de una familia unida y feliz. ¡El desánimo! —gritó triunfal—. ¡Esa es nuestra estrategia! Que no se le ocurra ilusionarse, que no se entusiasme con nada.

15. Llegando al lugar de descanso

El descanso pertenece al trabajo, como los párpados a los ojos.
R. Tagore

—¡Qué chuli!

Esa fue la exclamación que brotó de los tres pequeños cuando, a través de las ventanillas del coche, vieron el mar y la blanca arena que le ponía límites. Era una playa inmensa que llegaba hasta donde alcanzaba la vista e invitaba a largos paseos.

—Abu, aba, ¿podemos bañarnos ahora? —Emma recurrió a la extorsión, poniendo su carita de Bambi ultratriste.

—Primero tenemos que acomodarnos en el apartamento y comer algo—recordó Sara.

—¿Y luego venimos a la playa? —la voz de Ethan era pura súplica.

—"*¡Quero paya!*" "*¡Quero paya!*" —la del pequeño gladiador exudaba autoridad; ese niño emitía las frases entre signos de admiración.

—Luego vendremos a la playa —respondió Julio—, pero ahora vamos a casa.

Enseguida estaban descendiendo del coche y entrando en lo que sería su hogar durante las dos siguientes semanas.

—¡Me gusta mucho! —exclamó Emma en cuanto pisaron el recinto donde estaba ubicado su apartamento.

—"*Ti, uta ucho*" —Oliver, pletórico, echó a correr por el recinto mirándolo todo con gesto de asombro.

—¡Hay columpios! —Ethan señaló a un extremo del recinto.

—"*¡Picina!*" —el pequeño gladiador daba ilusionadas pataditas al suelo repitiéndolo—: "*¡Pimos, picina!*"

El apartamento donde pasarían sus vacaciones estaba ubicado en una zona residencial que contaba con una piscina y un parque infantil. Era un lugar tranquilo y seguro para que los niños pudiesen jugar; de hecho, había muchos niños que corrían y jugaban en aquel gran espacio.

Justo frente al parque infantil estaba la entrada a su apartamento, que ocupaba la parte baja de un edificio de dos plantas. Se accedía por una puerta de barrotes metálicos pintados de negro a través de los cuales se veía el patio que precedía a la casa. Era muy amplio y en él había una mesa de resina verde, seis sillas del mismo color y dos hamacas.

—¿Verdad que se respira tranquilidad? —replicó Sara pasando su brazo alrededor de la cintura de Julio—. Verás cómo aquí descansaremos y luego todo se verá mejor.

—Es muy bonito —admitió Julio envolviendo con su brazo los hombros de Sara y acercándola más a él—. Me alegra que podamos estar aquí.

—Debemos aprender a confiar en Dios, aunque lo que veamos intente minar esa confianza —Sara posó su dedo índice sobre los labios de Julio y le recordó—: Dios sigue en el control de nuestras vidas, y no permitirá que derramemos ni una lágrima más de las estrictamente necesarias...

—Y ninguna será inútil, todas tendrán un sentido —atajó Julio.

Cruzando el patio estaba la puerta de madera barnizada en tonos ocre y que daba entrada a la casa. Se abría directamente a un salón no demasiado grande, pero muy acogedor. Como todo mobiliario había un sillón de tres plazas, una mesa de madera rodeada de seis sillas y un pequeño mueble con el mismo acabado de la mesa, sobre el cual reposaba un televisor. Varios cuadros con motivos marinos decoraban las paredes.

— Me encanta ese cuadro —dijo Sara señalando a una lámina enmarcada en la que se veía un imponente faro con la lámpara encendida y en cuya base golpeaban furiosas olas—. ¡Mira, hay una inscripción al pie de la imagen! —se acercó para leerlo, y lo hizo en voz alta—: *No hay embravecido mar que no cuente con la luz de un faro*. Es precioso, ¿verdad? —exclamó aferrada al brazo de Julio.

—¡Hay una chimenea! —Emma siempre expresaba su sorpresa liberando frases tan entusiastas que parecían surgir de su boca escoltadas por notas musicales. En este caso señalaba a un rincón de la sala donde había una chimenea rematada en ladrillo; este se veía renegrido, evocando el fuego de muchos inviernos.

—Los inviernos aquí deben ser bastante fríos y el calor de esa lumbre debe resultar reconfortante —advirtió Sara, imaginando entrañables veladas en torno a la chimenea prendida—. ¿Verdad que es bonita?

—¿Podemos encender la chimenea? —gritó Ethan.

—"*¡Nea, nea!*" —aplaudió Oliver sin saber qué jaleaba, pero contagiado del entusiasmo de Ethan y repitiendo, como siempre, la última sílaba de las frases de sus primos.

—¿Qué os parece si os enseño el cuarto donde vais a dormir? —propuso Sara para desviar la atención.

—¡Síííí! —gritaron Emma e Ethan.

—"*¡Tiiiii!*" —secundó Oliver.

Al fondo de la sala se abría una escalera que ascendía a la planta superior y terminaba en un descansillo donde estaban las puertas de las dos habitaciones con que contaba el apartamento.

—Aquí dormiréis —les dijo Sara abriendo una de las puertas—. ¿Os gusta?

—¡Qué habitación más chuli! ¡Me pido la cama de arriba!

Emma lo dijo señalando a la litera.

—Me parece buena idea —repuso Julio que había subido tras ellos y observaba desde la puerta del dormitorio—. Oliver puede dormir en la parte baja y Ethan lo hará en esta otra cama —arrastró la cama adicional hasta pegarla a la parte baja de la litera.

—¡Nos lo vamos a pasar pipa! —Emma saltaba de alegría con sus dos brazos hacia arriba y enseguida sus primos la imitaron saltando y bailando en torno a la habitación.

La pared del fondo estaba ocupada por una ventana que arrojaba mucha claridad al dormitorio.

—¡Se ve el mar! —Emma había escalado hasta su cama y desde allí pudo ver el paisaje que ofrecía la ventana.

—"*¡E´Mar, e´mar!*" —recalcó Oliver dando alegres pataditas al suelo.

Todos se asomaron a la ventana. Era gracioso ver las caritas de los tres pegadas al cristal, recreándose en la deliciosa vista.

El inimitable lenguaje de Oliver rompió el silencio:

—"*Pimos, a´calle, a jubar*".

—¡Sí, vamos a la calle a jugar! —Ethan aplaudió la propuesta de Oliver,

—Jugad en el parque mientras desempacamos todo —dijo Julio—. En cuanto esté lista la comida os avisaremos.

—¿Quieres salir con ellos? —sugirió Sara—. Aunque el lugar es seguro me quedaré más tranquila si estás con ellos. Yo me ocuparé de deshacer las maletas y preparar la comida.

—¿Seguro que podrás tú sola? —Julio no estaba tranquilo—. No estás en condiciones de hacer mucho esfuerzo.

—Estaré bien, no te preocupes. De hecho, con solo respirar el aire con olor a mar de este lugar, ya me siento mucho mejor.

—De acuerdo, entonces, ¿qué te parece si se ponen el bañador y se refrescan un poco en la piscina? —sugirió—. Hace un calor agobiante.

Julio se sentó en un banco del parque observando a los pequeños. Se deleitó contemplándolos correr como cachorros jóvenes y curiosos que descubren el mundo a través de ojos llenos de asombro, procurando no perderse nada.

Después de corretear un buen rato se zambulleron en la piscina infantil para poder acompañar al pequeño gladiador. Julio, sentado en el borde, lo sostenía de los brazos.

Debió haber pasado una hora y media cuando Sara llamó a través de la puerta enrejada:

—¡La comida está lista!

—Chicos, secaros con la toalla y vamos a comer —le dijo Julio.

Recogió su libro y se disponía a ir hacia el apartamento cuando observó que dos de los pequeños caminaban hacia él con la furia dibujada en sus rostros. Emma estaba ubicada a la derecha y agarraba con fuerza ese extremo de la toalla de baño. Ethan, en el lado opuesto, estaba aferrado con idéntica energía a la misma toalla. Ambos emitían ligeros gruñidos mientras tiraban de la prenda intentando apropiarse de ella para secarse.

"¡Qué extraño!, pensó Julio, falta el más pequeño, que odia perderse una trifulca con sus primos".

Ah, pero llegó enseguida...

Oliver corrió todo lo que le permitieron sus cortitas piernas y con un poderío impropio en alguien que acaba de estrenar su segundo año de vida, asió el centro de la toalla —único espacio libre que quedaba— y tiró y zarandeó como si en ello le fuese la vida.

Durante unos segundos Julio observó la escena intentando que su gesto no trasluciese las ganas de reír que sentía. Era divertido ver a los tres tirando del pedazo de tela como si fuese la joya de la corona.

Alrededor de los pequeños había otras cuatro toallas esparcidas por el suelo. Todas eran mejores y más grandes que el trapo que se estaban disputando los dos rubios y la bella amazona. El único mérito del tejido por el que peleaban... Lo que hacía irresistible a aquel pedazo de tela, era que lo quería el otro.

A punto de acercarse a ellos para intentar establecer la paz, recordó la máxima que alguien le contó: "El mundo es como un gigantesco hospital donde cada enfermo codicia la cama de su compañero".

Observó durante un instante más los últimos esfuerzos de Emma, Ethan y Oliver por hacerse con la misma toalla, ya innecesaria, pues en el empeño por apropiarse de "su tesoro", se habían secado de sobra y el calor arreciaba haciendo que ya precisasen un nuevo chapuzón en la piscina. Caminó hacia ellos reflexionando en que con frecuencia los adultos nos comportamos igual: *tenemos a nuestro lado mil joyas cuyo brillo no apreciamos, pues nos dejamos cegar por el efímero fulgor de los mediocres cristales que otros tienen.*

Se agachó a su lado, ahora sí, y enseguida tres pares de ojitos lo enfocaron con una mezcla de pasión, furia y dignidad ardiendo en sus pupilas. Les señaló al pajarillo que se había posado en la rama más baja del árbol que arrojaba sombra al recinto, y con una rapidez desmesurada los tres soltaron la toalla para correr, compitiendo ahora por llegar antes que el otro, junto al ave que levantó el vuelo para escapar de la ruidosa pandilla.

No había pájaro cuando llegaron. Pero el espíritu de competitividad seguía intacto:

—¡Yo llegué primero! —gritó Ethan

—¡Yo! —contradijo Oliver.

—Pero ¿qué decís, pequeñajos? —era la mayor, que con cinco años se sentía en la madurez de la vida—. ¡Yo llegué antes que ninguno!

Poco después estaban sentados en torno a la mesa sobre la que Sara había colocado una gran bandeja llena de salchichas, la comida predilecta de los pequeños. Al lado puso otro plato lleno de patatas fritas y luego una jugosa ensalada de tomate y lechuga.

—¡Yupi! —exclamaron los tres niños—. ¡Nuestra comida preferida!

—¿Qué os parece si damos gracias a Dios antes de comer?

Todos se dieron la mano y Sara miró a Julio en una petición de que fuera él quien les dirigiese en la oración.

—Señor, te damos gracias por tu cuidado sobre nosotros —hizo una pausa tan prolongada que los niños soltaron sus manitas pensando que la oración había concluido y a punto estuvieron de lanzarse a despachar las salchichas, pero en ese momento la voz de Julio sonó de nuevo—: Te pedimos que bendigas esta comida... Y también que traigas respuesta a nuestras preguntas... Amén.

—"*¡Tatas, tatas!*" —exclamó Oliver señalando a las patatas a la vez que aplaudía.

—¡Abu! —fue Ethan quien llamó a Julio.

—Dime, Ethan...

—Te quiero mil mucho... —ese fue todo su discurso.

Sara agarró con fuerza la mano de su esposo, mientras este, conmovido, respondía con toda sinceridad:

—Yo también te quiero, Ethan, te quiero muchísimo.

—¡Están riquísimas! —gritó Emma llevándose a la boca el tenedor con todas las patatas que logró ensartar en sus pinchos.

—Emma, no debes hablar con la boca llena —le previno Julio.

—"*¡Icas, mu icas!*" —repitió Oliver, al igual que Emma con la boca llena de patatas, pero como su cavidad bucal era más pequeña que la de su prima no pudo contener el alimento, que salió despedido en dirección a Ethan.

—¡Qué asco! —gritó el angelito rubio al sentir los pedazos de patata impactar en sus mejillas.

—Míoooo —replicó Oliver, acuciado de nuevo por su desmesurado sentido de la propiedad y recuperando los restos de patata de la cara de su primo para echárselos de nuevo a la boca.

Así, entre risas y ocurrencias discurrió la comida. Sara reía con ganas ante las geniales salidas de los pequeños. Julio, mucho más reservado, esbozaba alguna que otra sonrisa. Lo que estaba meridianamente claro es que aquellos pequeños tenían la capacidad de encender mil luces en el ánimo abatido de sus abuelos.

—Creo que me echaré un rato a descansar —comentó Sara cuando hubo terminado de comer.

—Sí —asintió Julio—, ve a descansar; nosotros recogeremos la mesa. Todos me ayudaréis, ¿verdad que sí?

—¡Sí! —asintió Emma—. ¡Vamos a ayudar a abu a recoger la mesa!

Emma colaboró mucho y los dos pequeños contribuyeron en la medida de sus posibilidades. Oliver abrazó la botella del agua, casi más grande que él, y arrastrando los pies la llevó hasta la cocina. Aunque le costó horrores, como el envase era de plástico y el pequeño no corría ningún peligro, le dejaron hacer.

—"*¡Pampeón, toi un pampeón!*" —exclamó alzando sus dos brazos en gesto de triunfo cuando hubo dejado la botella en el suelo de la cocina.

—¡Sí, Oliver, eres un campeón! —aplaudió Emma.

Cuando todo estuvo recogido, Julio fue a ver a Sara y la encontró dormida. Durante unos instantes la observó con embeleso y acarició su rostro. En un momento ella hizo un gesto de dolor y se llevó instintivamente la mano al vientre, pero no despertó. Julio la arropó bien y fue en busca de los pequeños.

—Chicos, ¿qué os parece si hoy, en vez de ir a la playa, nos quedamos en la piscina? —no quería alejarse mucho de Sara—. Mañana, nada más desayunar, iremos al mar.

No lo admitieron de buen grado, pero se resignaron, y en cuanto se zambulleron en el agua tibia de la piscina se olvidaron del mar. Allí estuvieron toda la tarde, sin apenas salir del agua, mientras Sara reposaba y Julio alternaba bañarse con ellos y sentarse afuera, leyendo un libro, pero siempre atento a los pequeños.

Esa noche, en cuanto hubieron cenado, los niños cayeron rendidos en sus camas. El viaje y las emociones del día los habían dejado agotados. Una vez que los hubieron arropado y dado las buenas noches, Sara y Julio salieron al patio y se recostaron en las dos hamacas. La noche era perfecta en su quietud. Era luna nueva, por lo que se podía ver un cielo tachonado por millones de estrellas.

—¡Mira! —exclamó Sara señalando hacia arriba—. ¡Fíjate que bello! Yo lo llamo **"noche de diamantes en el cielo".**

Cuanto más oscuro está abajo, más diamantes resplandecen allí arriba. ¡Mira cómo brilla Venus! —su voz sonaba ilusionada, como la de un niño que acaba de hacer un gran descubrimiento—. Para algunos las estrellas son solo puntos de luz en el cielo; a mí me parecen guiños de un Dios enamorado.

Tumbados en la hamaca, unidos por la mano y con los ojos fijos en aquel cielo de verano, Julio reflexionaba. Sara lo observaba y en su corazón oraba, no por ella, ni por su enfermedad, sino por él... por su fe...

—¿Crees que esto que te ocurre es un castigo de Dios por mis pecados? —casi susurró la pregunta, pero a oídos de Sara llegó el interrogante como un estremecedor trueno.

—¿Por qué dices eso? —se incorporó de la hamaca y lo miró, alarmada.

—Si Él quisiera de verdad castigarme, lo haría dañándote a ti —dijo Julio—. Ningún daño que me infringiera directamente dolería tanto como lo que a ti pueda ocurrirte.

—Sacúdete eso de la mente, por favor, cariño. Que todos merezcamos Su juicio no lo niego —dio ella—, ni una sola vez me ha sorprendido Su juicio, pero cada día me asombra Su Gracia. No admito que esto sea juicio de Dios. Verás cómo este oscuro corredor desemboca en jugosas praderas de bendición.

Volvieron a quedar los dos recostados en las hamacas. Él movió los labios en silencio. Cualquiera que lo hubiese observado con suficiente atención habría leído en sus labios la pregunta que en silencio dirigió al cielo:

—¿Por qué a ella? —y repitió la interrogante—. Dime, Dios, ¿por qué a ella?

Se estremeció en el silencio. El cielo, duro y brillante, nada le dijo.

Sara, a su lado, levantó también una súplica silenciosa, y mientras oraba, la imagen de su esposo danzaba en la superficie de su memoria:

—Cuídale, Dios, cuídale —en ese momento afloró a su conciencia la imagen de sus hijas y también la de sus nietos—. Que no te dejen nunca —suplicó—, y que puedan sentir que Tú jamás los dejas.

16. En la zona oscura

Piensen en todo lo que es verdadero, noble, correcto, puro, hermoso y admirable. También piensen en lo que tiene alguna virtud, en lo que es digno de reconocimiento. Mantengan su mente ocupada en eso.
Filipenses 4:8, PDT

—¡De eso se trata! —replicó Origon satisfecho—. ¿Oíste su oración?

—Sí —respondió Geseno entre aburrido y fastidiado—, preguntaba por la desgracia que vive su esposa...

—¡Exacto! —el grito de Origon sonó triunfal—. Está obsesionado por la enfermedad de ella y no se para a mirar la salud de esos mocosos que les hacen reír. ¡De eso se trata!, de que cuando quieran distraerse con esos pequeñajos, el dolor tome todo el protagonismo y les llene la cabeza de pesimismo. El pesimismo desplaza a la fe y la saca de la mente. Por eso el código maldito del Enemigo insiste tanto en que se ocupen de cuidar sus pensamientos. Ellos hablan consigo mismos todo el tiempo. Se llama pensamientos. El promedio de personas hablan a una velocidad de ciento cincuenta a doscientas palabras por minuto, pero el diálogo interno que mantienen es de mil trescientas palabras por minuto.

—¿Tanto? —exclamó Geseno—. ¡Hablan consigo mismos mucho más de lo que hablan con los demás!

—Exacto —replicó Origon—, y la calidad de esa conversación que mantienen consigo mismos determina la calidad de su vida. Son libres de pensar lo que quieran, pero se olvidan de que luego deben convivir cada día con sus pensamientos.

—¿Y lo que cavilan en su mente les afecta mucho? —intervino Geseno.

—¡Es más que eso! Ya te lo dije —sentenció Origon con fastidio—: *Los humanos se convierten en aquello que piensan. Su timón está localizado en su pensamiento. Lo que piensan que son, eso son.* ¡Tienen una mente capaz de convertirse en un guionista prodigioso! Sus pensamientos son productores de películas asombrosas, alguna de verdadero terror, y lo bueno es que su pensamiento afecta a su ánimo de forma inmediata, y su ánimo condiciona su conducta. Así que hay que convencerles de que son unos desdichados con los que la vida se ha cebado y a los que Dios trata injustamente.

17. Diamantes en el cielo y preguntas en la mente

Los cielos cuentan la gloria de Dios Y
el firmamento anuncia La obra de sus manos.
Salmo 19:1, NVI

La noche era plácida y la quietud del lugar infundía sosiego. Solo la temperatura, que había descendido ostensiblemente, comenzaba a incomodar.

—Creo que voy a acostarme —dijo Sara—, empiezo a sentir frío...

—Me quedaré un ratito más, amor —repuso él—. Esperaré a que me entre un poco de sueño.

Inclinándose hacia su marido lo besó y luego entró en la casa. Julio se mantuvo recostado en la hamaca, con la mirada fija en un cielo desde el que miles de estrellas lo saludaban con su parpadeo. Se llevó la mano al pecho, sintiendo que allí adentro se desataba una fiera lucha entre la fe y la incertidumbre. Podía percibir el feroz ataque que su confianza en Dios estaba sufriendo.

Cerrando sus ojos movió su mano derecha hasta posarla sobre el lado izquierdo, a la altura de su corazón; comprendió que la herida se abría, meditó en la lucha que tenían por delante, supo que lo peor estaba por llegar y eso lo asustó aún más.

Una semana antes era feliz.

Una semana antes, la vida le sonreía.

De pronto ese pasado feliz se alejaba y lo que enfrentaba era un presente amargo y un futuro completamente incierto. El miedo se hizo pánico y el pánico, angustia.

Quería llorar y no podía.

Algo en su interior le impedía hacerlo.

Se incorporó quedando sentado en la hamaca. El mundo se había vuelto inestable. Se movía.

Y él se estaba rompiendo.

Esa era la palabra que mejor definía su sensación: romper.

Casi le pareció escuchar una risa histérica... Sonaba lejos, como si proviniera de un lugar bajo y lejano. Una risa prolongada, irritante, casi intimidante.

Lo siguiente le provocó un escalofrío fulminante; fue como una descarga eléctrica que lo recorrió desde la coronilla y hasta las uñas de los pies, porque comenzó a percibir una presencia. Estaba junto a él, sólida, tangible... Supo que si movía los brazos podría tocarla. Parpadeó varias veces para asegurarse de que no estaba dormido y que esa sensación no era un sueño.

No, no soñaba. Estaba completamente despierto.

La presencia que percibía no era confortadora, sino absolutamente desasosegante. Se trataba de una entidad oscura y perversa.

Más tarde juraría que pudo oírla. Fue una voz siseante, como si proviniera de la afilada boca de una serpiente. Habló con frases breves, concretas y lapidarias:

—¿Así que Dios te ama? —siseó la entidad que había a su lado—. Pues es una forma un tanto extraña de mostrarte su amor... Condenando a tu mujer a la muerte.

Julio se quedó petrificado. Ni a respirar se atrevía, y la presencia oscura siguió siseando:

—No te molestes en orar. Tu mujer ya está sentenciada. Está más muerta que viva. Es inútil que ores, mejor déjalo estar y aguarda a que se cumpla la fecha. No ores, no hay nada que hacer.

Y a renglón seguido ese ser maligno cerró el círculo de su satánica estrategia, cuando le dijo:

—No le digas a nadie esto que oyes y sientes. Primero te acusarán de ser fanático, o tal vez digan que el dolor te hizo perder la cabeza —esa oscura entidad guardó dos segundos de silencio antes de volver a vomitar dardos—. Recuerda, no ores, pero no le digas a nadie que no oras y que todo está perdido, porque darás una patética imagen de debilidad y dejarás bien claro que no eres una persona de fe, así que perderás la reputación, y ya sabes, quien pierde la reputación, pierde el ministerio.

Luego, tal y como había sentido que esa opresiva presencia se acercaba, comenzó a sentir que se alejaba. El aire se volvió más liviano y le pareció que podía respirar. Pero el terror quedó alojado en su interior.

Casi a la carrera, presa del temor, subió al dormitorio y se abrazó a Sara, que dormía. Así pasó el resto de la noche, incapaz de conciliar el sueño. Dio mil vueltas en la cama; las mínimas arrugas de la sábana parecían piedras que se hincaban en su espalda, pero no eran los dobleces de la tela lo que lo martirizaban, sino las grietas que los acontecimientos habían producido en su ánimo y su fe.

Cuando a la mañana siguiente Sara lo observó y apreció las terribles ojeras que enmarcaban sus ojos, se asustó.

—No pude dormir —confesó.

—¿Por qué? —quiso saber ella—. ¿Qué te pasó?

No lo digas a nadie, recordó, *perderás la reputación, pasarás por una persona de fe débil.*

—¿Qué te ocurre? —insistió Sara.

—Tengo que decirte algo —decidió contárselo. Tuvo el supremo acierto de recordar que quien está a solas con su dolor, está en mala compañía—: anoche me ocurrió algo estremecedor.

La primera luz del día perfiló la silueta de dos personas arrodilladas en el suelo del dormitorio. Sus manos estaban unidas, lo mismo que sus voces, que alzaron una oración que sonó como música en el cielo y dinamita en el infierno.

18. Seres de luz

Quien es capaz de creer en aquello que no ve,
terminará viendo aquello en lo que cree.
J. L. Navajo

—Nos necesita —apuntó Miguel—. Es vital que estemos cerca de él —. Ellos lo están hostigando y oprimiendo. Se hace necesaria nuestra intervención.

—Pocas veces he visto tanta actividad para neutralizar a una persona de fe —musitó Ariel—. Están desplegando toda su artillería para derribar a ese hombre.

—No es solo un hombre —matizó su compañero—. La fe de él es un pilar en esa familia. Si se desmorona esa columna, la estructura del hogar se verá afectada y todos los habitantes correrán peligro. Los seres oscuros prefieren derribar familias que derribar vidas.

—Es cierto lo que dices —admitió el joven—. Del mismo modo que nosotros estamos empeñados en reforzar hogares, ellos se obsesionan por tumbarlos.

—El ataque a la familia busca un efecto dominó —reflexionó Miguel—. Si cae uno se desploman todos los que están conectados.

—Pero la ausencia de fe obra como un muro que nos impide acercarnos a él —lamentó el joven Ariel—. Es imposible que nos sienta si no nos cree...

—Se obceca en pedir que cambiemos las circunstancias y no se da cuenta de que el Ser Supremo usa las circunstancias para cambiarlos a ellos —repuso Miguel—. Si tan solo pudiera percibir que el taller del Perfecto Artesano nunca destruye, sino que construye.

—¡Hasta el gran apóstol —recordó Ariel— tardó lo suyo en aprender el principio de que aquello incómodo y hasta doloroso que Dios permite, no es para incapacitarlos, sino para capacitarlos! ¡Ni sé cuántas veces suplicó que le fuera quitada la condición que lo atormentaba! Tardó en entender que no era un aguijón, sino la puerta de entrada de la Gracia de Dios.

—Continuaremos con el plan y los pequeños seguirán siendo nuestro puente —resolvió el ángel veterano—. Esa fe cristalina y genuina de los niños es como una autopista que nos permite acercarnos. Ellos creen en lo que no ven y por eso terminarán viendo aquello en lo que creen.

19. El silencio de Dios

No olvides que sobre las ruinas que otros dejaron,
Él construirá palacios.
J. L. Navajo

Desde el primer día Julio convirtió la playa en su refugio. Acudía bien temprano, mientras todos aún dormían y daba largos paseos durante los que reflexionaba intensamente.

Ese día la mañana era tibia. El sol, escalando por el Este, enviaba sus rayos oblicuos y suaves, mientras el agua lamía la arena de la orilla con un sonido que le resultaba terapéutico. Inspiró profundamente, sintiendo cómo el olor a mar penetraba hasta su sistema nervioso central llenándolo de una sensación próxima a la paz. La superficie del agua era cristalina y mostraba sin pudor el fondo, donde se divisaba un húmedo desierto de dunas mínimas e infinitas que se extendía hasta donde alcanzaba la vista. Incluso el peculiar graznido de las gaviotas se le antojó música relajante.

Tras recrear la vista en el delicioso paisaje decidió tumbarse en la orilla. Apoyó su cabeza sobre una almohada de fina arena y enterró la mirada en la catedral de nubes que decoraba el cielo. Allí meditó, reflexionó e intentó orar... Lo intentó, pero descubrió que no podía. Era como si el cielo se le hubiera vuelto hostil. Pensó en Sara y sintió furia contra Dios.

El siseo de aquella entidad maligna se reprodujo en su mente: *¿Así que Dios te ama? Pues es una forma un tanto extraña de mostrarte su amor... Condenando a tu mujer a la muerte.*

—¿Realmente eres todopoderoso? —casi lo gritó aprovechando la soledad de la playa—. ¡Ahora tienes la oportunidad de demostrarlo!

La respuesta fue silencio, tan solo matizado por el suave rumor del agua en la orilla. Recordó la frase que alguien le dijera tiempo atrás: "*También el silencio es una elocuente respuesta de Dios*". Rememorar esa máxima hizo que su gesto se torciera en un rictus amargo. "¿Una elocuente respuesta? —un sabor a vinagre impregnó el paladar de su alma—. No es respuesta, ¡es abandono!".

La frase que se atribuye a Aristóteles se meció en la superficie de su conciencia: *Cualquiera puede enfadarse, eso es algo muy sencillo. Pero enfadarse con la persona adecuada, en el grado exacto, en el momento oportuno, con el propósito justo y del modo correcto, eso, ciertamente, no resulta tan sencillo.*

De sobra sabía que su enfado no era oportuno en el momento, ni afinado en el propósito, ni acertado en grado o forma, pero no podía evitarlo. Una amalgama de emociones lo quemaba por dentro y eso se traducía en cólera que proyectaba contra el cielo.

Se incorporó e inició el camino de regreso. Una niña que salía del mar transportando un pequeño cubo con agua chocó con las piernas de Julio y el agua se derramó. Este se agachó, preocupado de que pudiera haber hecho daño a la pequeña.

—Perdona, hija, no te vi...

Fue entonces cuando tuvo de frente el rostro de la niña y reparó en su aspecto: el cabello rubio peinado en tirabuzones y la mirada más azul, limpia y turbadora que hubiera visto en toda su vida. Aquellos ojos se cruzaron con los de Julio un instante. Ella, como toda respuesta, creó una extraña sonrisa que afeó su rostro, cogió el cubo y sin decir una palabra caminó de nuevo hacia el mar. Julio sintió un estremecimiento, sin conocer todavía muy bien por qué.

Su estremecimiento habría sido mayor de haber sabido que acababa de mirarle el diablo.

20. En sus brazos, todo se ve mejor desde allí

No te quedes con quien te baje la luna, quédate con quien te sople las nubes para que puedas ver el sol.
J. L. Navajo

—¡Hola, abu! —se giró para ver de dónde provenía el saludo y vio a los pequeños que estaban con Sara y agitaban sus manos saludándolo. Oliver corrió hacia él—. "*¡Quero añar!*".

—¡Abu! — Emma e Ethan también corrieron hacia él—. Te has tropezado con esa niña —rió Emma—. ¡Casi te caes!

—"*¡Quero añar!*" —repitió el pequeño gladiador con más energía y mostrando su indignación ante lo que le pareció indiferencia por parte de su abuelo.

—Dice que quiere bañarse —la bella amazona tradujo la petición de Oliver.

—¿Te quieres bañar? —dijo Julio—. Pues dame la mano y entremos al agua.

Oliver envolvió con su pequeña manita el dedo índice de Julio y ambos comenzaron a introducirse en el mar. Apenas el agua cubrió el pie de Oliver este se detuvo en seco, se puso rígido y comenzó a gritar:

—*"¡Tuto, O´er tene tuto!"*

—Dice que Oliver tiene susto —Emma era experta en interpretar el peculiar vocabulario del pequeño.

—¿Qué te asusta? —preguntó Julio.

—*"O´as ganes"*. Explicó el niño señalando hacia el agua.

—Olas grandes —tradujo la bella amazona.

Julio miró al mar y observó la superficie, donde el agua, muy reposada, formaba mínimas ondas al aproximarse a la orilla.

—Oliver —explico Julio—, el agua está muy tranquila, no hay ningún peligro.

—*"Medo, O´er medo"*.

—Dice que...

—Oliver tiene miedo —atajó Julio.

—Abu —repuso la pequeña—, a lo mejor es que al ser más pequeñito le parece que hay olas.

Entonces a Julio se le ocurrió que Emma podía tener razón. Se agachó junto a Oliver, de modo que su cabeza quedó exactamente a la altura de la del pequeño gladiador, y observó el agua. Admirado pudo comprobar que desde esa perspectiva las pequeñas ondas de agua que él había visto se asemejaban a olas bien grandes.

—Gracias, Emma, cariño —la atrajo hacia sí y la abrazó—. Hoy he aprendido algo importante: *Lo que desde mi posición parece totalmente inofensivo, desde la perspectiva de otros puede parecer amenazante.* ¡Qué gran lección me has enseñado! Debo ponerme en la piel de los demás antes de menospreciar sus temores.

—No te entiendo muy bien, abu —comentó la pequeña—, pero debe ser bonito lo que estás diciendo.

—Ven aquí, Oliver —Julio tomó en sus brazos al pequeño gladiador—. Ahora entrarás conmigo al agua. ¿Ves?, desde aquí arriba no tendrás miedo.

—*"No tuto. O´er no tene tuto".*

—¡Abu! —gritó Emma desde la orilla—. ¡Dice que Oliver no tiene susto!

Enseguida estaban todos dentro del agua, jugando y riendo mientras se salpicaban.

Poco después los niños construían con la arena algo que intentaba parecerse a un castillo, mientras Julio y Sara reposaban sobre una toalla, sintiendo los suaves rayos del sol tostando su piel. Ella estiró su mano hasta tomar la de Julio y casi se lo susurró:

—Lo que hiciste con Oliver fue hermoso. Lo tomaste en tus brazos para que no tuviera miedo de las olas.

—Sí —repuso él—. Es impresionante cómo el panorama cambió cuando me situé a la altura del pequeño —y con tono emocionado añadió—: ¿Sabes? No pude evitar pensar en que Dios se puso a nuestra altura, pisó nuestro barro y vivió nuestras circunstancias, con el objetivo de entendernos plenamente... Y eso es lo que me confunde y martiriza: sentir que ahora no está a mi lado...

Sara no compartía esa última parte de la disertación de Julio, pues sabía, aunque no lo sentía, que Dios estaba tan pegado a ellos como una segunda piel. No obstante no quiso contradecir a su marido. De sobra sabía que esas erróneas conclusiones no representaban el verdadero espíritu de Julio, sino que eran fruto del dolor que estaba experimentando.

—¿Qué te parece —le dijo— si dejamos que Dios haga con nosotros lo mismo que hiciste con Oliver? Que nos tome en sus brazos. Desde esa posición el mar no nos resultará tan amenazante.

Julio guardó silencio, pero aplicó una ligera presión en la mano de su esposa, haciéndola entender que había recibido el mensaje.

Realmente la admiraba. Cada día a su lado le hacía evocar aquella máxima que escuchó mucho tiempo atrás: "*No te quedes con quien te baje la luna; quédate con quien te sople las nubes para que puedas ver el sol*". Así era Sara, una brisa fresca y vital que apartaba las nubes de su incertidumbre.

Entonces ella repitió:

—En sus brazos… Todo se ve mejor desde allí, incluso mi enfermedad.

Esa mención a la enfermedad obró como una racha de viento frío que le hizo estremecerse. La imagen del doctor Sánchez dándoles el siniestro comunicado cruzó por su mente como un espectro y percibió que su universo se sacudía.

Él no se dio cuenta, pero muy cerca los tirabuzones rubios de la niña que jugaba con su cubo relumbraron como el mismo sol mientras los observaba con una mirada luminosa y purísima. Esos iris azules, esa mirada de color idéntico al cielo del mediodía, enfocó a Julio, y la siniestra sonrisa que se dibujó en el rostro angelical de la niña desmintió toda la bondad que emanaban sus pupilas.

21. ¡A solas con Oliver!

Jamás ha habido un niño tan adorable que los padres no quieran ponerlo a dormir.
Emerson

Al día siguiente era necesario abastecerse de alimentos para los próximos días, por lo que Julio decidió madrugar un poco más para su inexcusable paseo por la playa y regresó a tiempo de que planificasen la salida al supermercado.

—Oliver se pone imposible en el súper —recordó Sara.

—Sí —admitió Julio—. La última vez, cuando llegamos a pagar, el carrito estaba lleno de todo lo que él había alcanzado de las estanterías.

Y ambos recordaron cómo aquel día, para evitar que siguiera cogiendo todo lo que alcanzaba, pusieron a Oliver en el suelo, pero entonces él y Ethan buscaron una cesta. Como uno tiraba de ella hacia el norte y el otro hacia el sur, les resultaba muy difícil avanzar. Ethan, muy avispado, soltó la canasta de la discordia y se agarró a la que llevaba su madre. De inmediato Oliver sintió un deseo irresistible de agarrarse del mismo lado de la misma cesta y Emma fue tras los dos con el objetivo de poner paz y de paso quedarse con la cesta:

—¡Soy la mayor! —gritó a los pequeñajos—, ¡tengo cuatro años y tenéis que obedecerme...!

Su argumentación sonó contundente, pero no tuvo éxito. Ni una sola palabra entró en los oídos de los dos rubios, porque, como todos sabemos, cuando un niño se obceca en algo, el cerebro infantil envía órdenes a su cuerpo: sus ojos se achinan, los labios se entreabren mostrando con fiereza los dientes, y los dedos se agarrotan en torno al tesoro. No es que el niño no quiera soltarlo, es que no puede... pero a la vez sus oídos se obstruyen de tal modo que ni la más leve brisa alcanza el canal auditivo, mucho menos una palabra. Ni, aunque estuviese hablándole el mismísimo Bob Esponja le habría oído. Solo sabe aferrarse a lo que sea que le quieren quitar mientras profiere su poderoso mantra: "Mío, mío, mío..."

Muy pronto el juego "agárrate a la canasta" resultó aburrido y decidieron cambiarlo por el de "llena la cesta". Consistía en echar de todo allí adentro. En cinco minutos aquello parecía el depósito de un comprador compulsivo: lo mismo había una lata de sardinas que unas gafas de lectura. Emma pensó que con sus cuatro años ya era tiempo de aprovisionarse de toallitas higiénicas y Oliver se sintió tentado por una lata de comida para gatos, aunque en casa no tenían ningún felino.

Recordando aquel episodio no lejano, Sara y Julio desestimaron de inmediato la idea de ir a comprar con los tres.

Primero consideraron la opción de que Sara se quedase en casa con Oliver, y Julio fuera con Emma e Ethan. Lo terrible era ir con toda la pandilla al super; por separado no eran tan letales. Pero Sara confesó que prefería ser ella la que fuera a comprar.

—Puede parecer una tontería —dijo—, pero me distrae eso de comparar los precios de los distintos botes de tomate.

Fue así como ese día Julio se quedó solo en casa con el pequeño gladiador. Lo aceptó sin el menor estremecimiento... Así era él, admitía los más intimidantes retos que la vida pudiera ofrecerle. Lo hacía sin temblar y, por lo que enseguida vería, sin calcular las consecuencias.

¿A estas alturas de la vida —pensó— no voy a ser capaz de pasar un rato a solas con un ser humano de apenas diez kilos? Además, y esto es importante, le habían prometido regresar con la compra en poco más de veinte minutos.

Una vez que se quedó a solas con Oliver decidió que la presencia del pequeño no debería alterar su agenda. Esa mañana había corrido varios kilómetros en la playa y había previsto que en ese lapso de tiempo se daría una ducha, por lo que decidió ir adelante con el programa.

Llevó al niño al cuarto de baño y dispuso a su alrededor mil opciones de entretenimiento.

Todo parecía ir bien hasta que la mañana comenzó a torcerse de forma dramática. El contratiempo se declaró cuando, al salir de la ducha, Julio percibió un olor grueso y desagradable. Miró el gel de baño y leyó la etiqueta: áloe y aroma de vainilla. No, no era a eso a lo que olía. Tampoco al champú con toques de frambuesa. Era algo más pesado, más sólido e infinitamente más nauseabundo.

La respuesta llegó cuando dirigió la mirada al pequeño gladiador. En su gesto se mezclaban desafío y disculpas a partes iguales. Su diminuto dedo índice señalaba hacia un punto concreto del suelo...

Allí estaba la respuesta que Julio recibió como un disparo en el corazón.

Justo en el centro del cuarto de baño reposaba algo cuyo nombre omitiré por respeto a los lectores, pero que concentraba las papillas y purés de las últimas ocho horas.

El niño lo señalaba a la vez que emitía expresiones ininteligibles y de difícil transcripción: Fa, fag, fafa... Por un momento Julio pensó que Oliver intentaba entonar la escala musical y se había quedado enganchado en la cuarta nota, pero no era probable que fuera eso y tampoco era momento de intentar descifrar lo que científicos de todo el mundo llevan lustros intentando traducir.

La pregunta que cualquiera se haría de inmediato, y no fue diferente con Julio, es: ¿Y por qué "eso" está en el suelo y no en el pañal del pequeño Oliver?

La respuesta llegó enseguida cuando pudo apreciar que el pañal yacía en el suelo, justo en el extremo opuesto del cuarto de baño.

¿Por qué estaba en el suelo y no en torno al cuerpo del niño?

Esa pregunta era mucho más difícil de responder. Lo único que Julio estaba en condiciones de afirmar es que cuando él entró a la ducha, el pañal estaba donde se supone que debía estar. Ahora, sin embargo, yacía en el suelo y lo que se supone que debía estar dentro del pañal reposaba a cuatro metros de distancia... Allí estaba, inerte, pero haciéndose muy presente, infectando el aire con olor a podredumbre.

¿Traslación espontánea?

Lo ignoraba... Incluso podría tratarse de algo mucho peor: que Oliver hubiera aprendido a quitarse el pañal, lo cual complicaría hasta límites aterradores los próximos días de convivencia.

No era lógico ni tampoco probable. No debería mortificarse con temores tan terribles, pero la duda lo embargaba. El pequeño gladiador no sabía todavía sostener su biberón, pero ya había aprendido técnicas tan complejas como localizar los enchufes más ocultos y rellenar los dos orificios con sus deditos… ¡Incluso había practicado complejas autopsias a los controles remotos de aires acondicionados y televisores! Por eso Julio no podía descartar la posibilidad de que supiera quitarse el pañal.

Pero dejemos de lado tan espantosas dudas y volvamos al escenario "del crimen": Allí estaba Julio, escurriendo agua, con la boca abierta y los ojos más abiertos todavía, observando el humeante desecho que yacía en el suelo.

¡Tenía que hacer algo!

¡Debía reaccionar!

Hizo lo único que fue capaz de hacer: se puso su albornoz, desenrolló metros y más metros de papel higiénico y en un ritual reverente cubrió el cadáver.

¿Podía complicarse más la situación?

Sí… y lo hizo.

Cuando logró apartar la mirada del centro de la escena, reparó, al borde de la crisis de ansiedad, que antes de que cubriera el cadáver, Oliver lo había pisado.

Se apoyó en la pared sintiendo que el aire huía de sus pulmones y la sangre de su cerebro.

Un reguero de marcas de tonalidad ocre "decoraban" el piso. Algunas eran simples pisadas, pero otras se asemejaban a pinceladas pardas… Como si el rubio se hubiera recreado en el crimen…

Miró el reloj. No podían tardar mucho... No podían tardar mucho en regresar.

Ahora lo más urgente era limitar el espacio de movimiento del pequeño, así que lo metió en la bañera vacía. Tal vez hubiera aprendido a quitarse el pañal, pero con su pequeña estatura no sería capaz de huir de una bañera vacía.

En ese instante escuchó la puerta de la calle...

¡Música celestial!

El "sí quiero" de su esposa no sonó tan dulce como el chirriar de la puerta esa mañana. Ni la melodía del despertador el día de una excursión con la escuela, ni la canción cumpleaños feliz el año en que le regalaron su primera bicicleta... Nada era comparable a aquel sonido que anunciaba su libertad...

¡Sara venía en su ayuda y se ocuparía a partir de ese momento del pequeño gladiador y de sus consecuencias!

Ella entró al baño entonando un feliz e ingenuo: ¿Dónde está mi niñooo?

Un vistazo al rostro de Julio la convenció de que algo no iba bien.

Este solo extendió su brazo en un gesto de "¡no des un paso más!" No quería que lo pisase y agravase la situación.

—¿Qué ha pasado? —exclamó.

Julio no dijo nada, pues hay momentos en que sobran las palabras. Solo señaló al montón de papel en el suelo, luego indicó el lugar donde reposaba el pañal vacío y por último su índice fue localizando los puntos donde las vísceras ocres estaban esparcidas.

Sara se llevó ambas manos a la cabeza y enseguida preguntó:

—¿Por qué no lo has recogido?

Optó por mantener el mutismo, pues no tenía una respuesta plenamente satisfactoria para tan delicada pregunta.

¿Cómo decirle que hay límites que uno no es capaz de traspasar?

Existen líneas rojas infranqueables, y para él esa era una de ellas. Su hábitat natural estaba entre lapiceros, bolígrafos y libros... Ese otro mundo escatológico quedaba lejos de su zona de seguridad.

—¡Diez minutos! —gritó Sara—, ¡le dejo diez minutos con el niño y mira la que ha liado!

¿La que he liado?, pensó Julio, perplejo. ¿Acaso piensa que lo que yace en el suelo ha salido de mí?

Fueron preguntas que hizo para sí, pero no las verbalizó. Optó por mantener la estrategia del silencio y comenzar a silbar mientras enjabonaba su cara para afeitarse. Ella siguió entonando una grave letanía que Julio no alcanzaba a entender, pues el volumen de su silbido ascendía proporcional al de los rezos de su mujer.

Entonces Sara se enfocó en el pequeño gladiador a quien recriminó sus actos. El rubio comenzó a llorar y ella, sintiéndose culpable, lo alzó de la bañera y lo abrazó con fuerza para consolarlo.

Tres segundos de abrazo culminaron en un grito desgarrador, pues al abrazarlo pudo comprobar que lo que salió del vientre del niño no tuvo un vuelo limpio, sino que se había deslizado por las piernas del pequeño antes de caer inerte al piso.

Sí, se había escurrido por las piernas de Oliver... las mismas que ella tenía pegadas a su vestido y a sus brazos... En general, a su cuerpo.

Por una regla de tres simple, lo que antes estaba en las piernas del bebé, ahora impregnaba a la abuela del bebé...

Observar Julio la escena y silbar con más fuerza fue todo uno. Jamás hubo una ocasión más clara de verificar si de verdad la música amansa a las fieras. Y pudo constatar de manera fehaciente que ese dicho es totalmente falso.

Los primos habían asistido a la tragicomedia semiocultos, observando desde la puerta del cuarto de baño. Cuando todo se tranquilizó y Sara hubo vestido al pequeño, sus primos fueron al rescate de Oliver y los tres salieron al patio. Enseguida el pequeño gladiador comenzó a dedicarles un interminable discurso plagado de Fa, fan, fan y ba, bam bag... Emma e Ethan lo escuchaban con la máxima atención. De pronto, sin dejar de hablarles, se giró hacia Julio, lo señaló y rió.

No le cupo duda: les estaba contando la increíble aventura que acababa de vivir y en la que el abuelo no había salido nada bien parado.

22. Conversaciones oscuras

Con nuestros actos, cada día de nuestra vida estamos haciendo depósitos en el banco de memoria de nuestros hijos y nietos.
Charles R. Swindoll

Los dos seres oscuros saltaban de alegría mientras brindaban con dos copas llenas de un brebaje viscoso, verde y humeante, como todo lo que hay allí abajo. Hicieron un baile esperpéntico en el que quedó de relieve su nula capacidad para armonizar los movimientos, y luego volvieron a chocar sus copas y rieron.

—El viejo está en las últimas —gritó Origon.

—¿En las últimas? —replicó, extrañado, Geseno—. ¿No viste con qué energía corrió por la playa? A mí me parece que el abuelo está en plena forma —Geseno miró su cuerpo maltrecho, su abdomen hinchadísimo y sus pies abiertos como si marcasen las tres menos cuarto. Resopló y añadió—: Ese tipo tiene un cuerpo que ya lo quisiera yo para mí.

Origon resopló mientras llevaba la cabeza de derecha a izquierda, desquiciado por la nula perspicacia de su colega.

—Digo que está en las últimas de su fe, memo. Que haga gimnasia, coma sano y se cuide por fuera no nos afecta en absoluto, lo que queremos es que se desmorone por dentro... ¿De qué le sirve tener un cuerpo de gigante si su fe es tamaño de pigmeo?

—¿Así que el jefe te ha dicho que lo vio desanimado? —comentó Geseno.

—Así es —afirmó Origon—. Me ha dicho que esta mañana lo tuvo muy cerca, en la playa, lo miró a los ojos y vio en ellos que el paciente está a punto de abandonar. Los ojos de los humanos son auténticas ventanas a su alma. En ellos puede leerse todo lo que hay en la parte oculta —añadió, dando rienda suelta a su vena intelectual.

—Fue una ocurrencia genial eso de hacerle mirar a su esposa más que al cielo —elogió Geseno.

—Desde luego que fue una buena idea —replicó Origon, y añadió con su habitual soberbia—: Como todas las que yo tengo. Si logramos que su mente se llene con la enfermedad de su mujer, ya no habrá sitio para la esperanza —y siguió argumentando—: Y no es nada difícil hacer que piense en ella todo el día... La ama demasiado...

—¿Demasiado? —Geseno puso cara de enamorado—. ¡Jo, pues a mí me parece súper romántico! ¿Es que no te gustaría que una diablilla bien bonita bebiese los vientos por ti? ¿Te imaginas paseando de su mano a la luz de las fogatas del Gehenna?

—¡Puagh, me vas a hacer vomitar! —a Origon le dio una arcada—. ¡Serás cenizo! No sé qué haces aquí abajo, tienes unos sentimientos tan asquerosamente buenos, que merecerías estar en el cielo.

—¡Eso sí que no! —refunfuñó Geseno—. No vuelvas a decirme que merezco estar en la parte blanca, ¿me oyes? ¡No vuelvas a insultarme!

—Por cierto —concluyó Origon—. Me ha dicho el jefe que nuestro paciente esta mañana intentó orar tumbado sobre la arena de la playa. ¡Eso debemos evitarlo a toda costa! Si mantiene contacto con nuestro Enemigo estamos perdidos. La comunión con el Aborrecible le aportaría toda la fortaleza que necesita y eso no podemos permitirlo.

Origon alzó de nuevo la copa, acercándola a la de Geseno en un nuevo brindis.

—Lo importante es que el abuelo está a punto de caer, y lo mejor es que cuando caiga será la primera ficha que tumbará otras muchas —rió estrepitosamente—. ¿Te imaginas a esos tres mocosos cuando su abuelo deje la fe? No tardarán ni dos meses en abandonarla ellos también. En esa maldita institución que llaman familia hay un efecto contagio espantoso. Se transfieren de uno a otro todos los valores, igual que si fueran virus de una enfermedad infectocontagiosa.

—¿Eso ocurre en la familia? —quiso saber su compañero.

—Se pueden encender miles de velas con una sola vela — recitó el intelectual Origon—. Sin explosiones, sin fuegos artificiales, solo una sencilla llama. Lo único que hace falta es proximidad. Porque la luz, aunque sea sencilla, es contagiosa —y bramó con furia—: ¡por eso odio la luz y odio la familia!

—Bueno —aventuró Geseno—, entonces lo que toca es apagar la luz del abuelo, para que deje de contagiarles...

—Por fin dijiste algo sensato —interrumpió a gritos Origon—. ¡Bravo por ti! ¡Creo que es la primera vez que te oigo decir algo interesante!

La carcajada con la que Origon cerró su comentario sonó histérica y estremecedora. Capaz de erizar el vello de cualquiera.

—Otra cosa —intervino de nuevo Origon—. No perdamos de vista a Sara. Me produce náuseas su fe y la manera en que quiere infundírsela a su marido. Es otra llama contagiosa que debemos apagar...

23. Alba

Los ángeles son amor en movimiento. Que no para nunca, que lucha para crecer, Los ángeles están hechos de amor y, al mismo tiempo, son sus mensajeros.
Paulo Coelho

La mañana, insinuante, se introducía por los resquicios de la persiana, y cuando Sara la levantó, la luz de un hermoso día inundó la habitación. Inspiró profundamente mientras sus ojos se sumergían en la exuberante naturaleza que decoraba el paisaje: árboles densos, abigarrados, frondosos. Y los jardines con parterres de flores, setos, senderos que caracoleaban entre los árboles y alguna escultura.

Sorpresivamente los pequeños entraron en tromba en la habitación.

—¡Buenos días, abus! —gritaron Ethan y Emma.

—*"Ias, abus"* —secundó Oliver, mientras los tres saltaban sobre la cama donde Julio seguía durmiendo.

Julio abrió los ojos de golpe.

—¡Me han matado del susto! —protestó ante los niños que se habían aupado sobre su vientre, como si fuese una cabalgadura.

—¡Huy, sí, ya lo veo! Te han matado —Sara dibujó una sonrisa de oreja a oreja—. Ojalá todos los muertos tuvieran tu aspecto.

—¿Qué hora es? —preguntó, sin saber muy bien qué preguntaba.

—¿Hora? — Sara le lanzó una mirada socarrona, pero que rezumaba cariño—. Hora de levantarse. ¡Andando! —y rió, retirando la sábana ante el gesto desconcertado de su marido.

Julio se incorporó y al mirar a través de la ventana vio a la mujer que pasaba junto a la puerta de su apartamento. Era una mujer, más que vieja, avejentada. Pudo influir en esta apreciación el que no llevara maquillaje o el que su deteriorada y blanca cabellera no conociera desde hacía tiempo los cuidados de un peluquero.

—¿La conoces? —preguntó a Sara.

Ella se acercó para observar.

—La he visto varias veces —recordó—, y siempre me llamó la atención su sonrisa.

Si algo atraía de aquella mujer era su aspecto sencillo y sobre todo su perenne sonrisa: un gesto que parecía cincelado en su rostro, como si la vida le ofreciera mil razones para reír y ni una sola para llorar.

Fue de casualidad que la mujer alzó la cabeza y los vio.

—Buenos días —dijo alzando la mano y agitándola en el saludo—. Hoy va a ser un día radiante.

Sara bajó a saludarla y Julio la siguió. La mujer se presentó como Alba, y enseguida inició una amistosa conversación:

—Cuando les veo con sus nietos no puedo evitar sonreír, aunque me hacen añorar mucho a los míos...

—¿Tiene usted nietos?

—Dos, un niño y una niña. Pedro es el mayor, tiene ocho años, y su hermanita, Belén, tiene seis —su gesto se ensombreció al añadir—: pero viven tan lejos que los veo solo de tarde en tarde.

—No sé si yo sería capaz de sonreír teniendo lejos a estas criaturitas —titubeó Sara, señalando a los pequeños que correteaban por el patio.

—Bueno, debo confesarles que no siempre lo llevé con la resignación de ahora —reveló—, pero finalmente llegué a la conclusión de que *la felicidad no es un estado, sino una decisión; es decidir mirar aquello de positivo que hay en la vida.*

—¿Y cree que siempre hay algo positivo hacia lo que mirar? —la pregunta de Julio chorreaba escepticismo.

—Le aseguro que sí —no había un ápice de duda en la respuesta—. Aun la más nostálgica de las piezas musicales tiene algún acorde que supone una caricia para el alma.

—Usted parece siempre feliz —declaró Sara—, como si la vida solo le hubiese dado razones para reír y sonreír.

—Hace seis años que no veo a mis nietos. Precisamente fue cuando nació Belén la última vez que les vi, y ese mismo tiempo hace que no puedo abrazar a mis dos hijas...

—¿Tiene dos hijas? —preguntó Sara—. Igual que nosotros...

—Pero en nuestro caso no hace mucho que pudimos abrazarlas, ni pasará mucho tiempo antes de que volvamos a hacerlo... —Julio, para quien la cercanía con su familia era algo primordial, reflexionaba en la bendición que tenía, a la vez que hablaba—. Vemos a diario a nuestros nietos...

—Esas circunstancias valen más que casi todo en la vida —advirtió Alba—. Supongo que son conscientes de lo afortunados que son.

Guardó silencio, como esperando una respuesta, pero viendo que sus interlocutores no decían nada, apostilló:

—Disfruten ese regalo —señaló a los niños que jugaban y corrían por el patio; sin apartar la mirada de ellos enfatizó—, gocen con esas bendiciones. *No hay persona más infeliz que aquella que no valora lo que tiene y codicia lo que no posee.*

La mujer se alejó lentamente, pero dos pasos más allá se detuvo para decirles:

—No quiero dejarles la impresión de que vivo infeliz por no ver a mis nietos. A decir verdad los veo casi a diario gracias a los milagros de la tecnología, ya saben, el Skype y todos esos inventos. Me encantaría abrazarlos, ¿cómo no? Pero he aprendido que aunque me falten algunas cosas, debo apreciar otras muchas maravillas que ocurren a diario y suelen pasar inadvertidas.

—Y muchos de esos milagros son cosas sencillas y que podemos disfrutar gratis —apuntó Sara—. No hace falta el lujo ni la opulencia para ser rico, ¿verdad?

—Estoy totalmente de acuerdo —asintió Alba—. En realidad, quien precisa grandes posesiones, suele ser extremadamente pobre en su alma. La mayoría de personas prefiere *parecer* a *ser* —repuso sin perder el gesto risueño—. ¿Se han dado cuenta de que *aparentar* tiene más letras que *ser*? Siempre la apariencia abulta; la esencia es más discreta y mucho más sutil.

Ahora sí se alejó, dejando a su paso un halo tan especial que ellos sintieron que los había visitado un ángel.

Al verla irse lentamente, con paso menudo, casi sigiloso, Sara no pudo evitar recordar la frase que una amiga de nombre Annie le dijo tiempo atrás: "La bondad no hace ruido, porque camina con el corazón descalzo". Y se afirmó definitivamente en la idea de que ya no le asombraban los despegues meteóricos; le cautivaban y bendecían mucho más las trayectorias estables. "Llámame desconfiada" —le dijo semanas atrás a Julio cuando este quedó asombrado ante la elocuencia de un experto orador, quien impartió una brillante conferencia—, "pero los efectos bengala ya no me seducen. Me atrae más el sencillo resplandor de una vela, moderado, tenue, pero persistente. *No me cautiva quien me habla desde la cúspide, prefiero a aquel que lo hace desde la trinchera.*"

Así le había parecido esa mujer. Alba era una lámpara de luminosidad tenue, pero estable, y con su llama había arrojado una inundación de luz en las tinieblas que ellos vivían.

—¿Cómo dijo que se llama? —interrogó Julio a su esposa cuando la mujer ya estaba lejos.

—Alba.

—¿Alba? —reflexionó—, te aseguro que al escucharla me pareció que amanecía.

24. En la zona de luz

Los malos tiempos tienen un valor científico.
Son ocasiones que un buen alumno no se perdería.
R. W. Emerson

—Tuviste una gran idea al decidir implicar a Alba —Ariel elogiaba a su compañero—. Te confieso que yo era escéptico ante la idea de que Julio respondiese a alguien que no fueran sus nietos.

—Alba siempre es una apuesta segura —respondió Miguel—. Esa mujer siempre resulta efectiva en cualquier misión en que la impliquemos. Su sensibilidad es admirable y destila empatía. No habla, sino que abraza con las palabras.

—Acaricia el alma de su interlocutor —repuso Ariel—, pero nadie imagina que la suya está llena de cicatrices...

—Esa mujer tuvo el acierto y el valor de convertir las cicatrices en renglones que ahora desbordan vida y sabiduría —Miguel asentía mientras afirmaba—: Cada adversidad, lejos de amargarla la convirtió en puro néctar.

—Es que ocurrido el desgarrón, decidió acudir al divino cirujano, y Él suturó la herida con hilo de oro. No solo puso mordaza al desgarro, sino que transformó el dolor en medicina y al verdugo en un maestro. Ella demostró de manera fehaciente que los momentos duros no duran, pero las personas duras sí.

—Honestamente —reconoció el veterano Miguel—, no pensé que llegase a superar lo de su hijo... Confieso que subestimé su fe...

—No te culpes, a mí me ocurrió lo mismo —Ariel también lo admitió—. Son muy pocos los que sobreviven a una amputación de ese calibre.

—Pero quienes logran salir de ese abismo se convierten en agentes de vida y consolación para el mundo. Han pisado el valle más profundo de la vida y desde entonces son brújulas que guían al desorientado.

25. Ángeles sin alas

No nos dimos cuenta de que estábamos haciendo recuerdos, solo sabíamos que nos lo estábamos pasando bien.
Winnie the Pooh por A.A. Milne

—¡Mirad que bonito!

Julio regresaba de su paseo por la playa y se sentó en la orilla del mar junto a los pequeños.

—¡El mar está precioso! —exclamó señalando al agua transparente que en pequeñas olas llegaba hasta la orilla. Se sentó dentro del agua, que apenas le llegaba a la cintura, y tomó un puñado de arena del fondo. El suave movimiento del agua pasaba sobre su mano y separando un poco los dedos, hacía que su palma actuase de tamiz: la fina arena se deslizaba entre los dedos y las conchas marinas de diversos tipos de moluscos se quedaban en su mano.

—¡Parecen alitas de ángel! —exclamó Emma.

—¿Veis los blancos? —Julio aproximó su mano abierta a Ethan y a Oliver—. ¿Verdad que parecen alitas de ángel? —lo que les enseñaba eran pequeños caparazones de coquinas y tellinas que, efectivamente, tenían la forma con que habitualmente se dibujan las alas de un ángel.

—¡A ver! —los dos gritaron emocionados, tomando de la mano del abuelo los pequeños caparazones—. ¡Sí, parecen alitas de ángel! —gritó el angelito rubio.

—*"Itas ágel"* —repitió Oliver haciendo chocar las palmas de ambas manos y chapoteando alegre sobre el agua.

—Pero los que nosotros hemos visto no tenían alas —recordó Emma.

—¡Es verdad! —afirmó Ethan—. No tenían alas.

—¿Qué queréis decir? —preguntó, extrañado, Julio—. ¿Quién no tenía alas?

—Los ángeles que hemos visto —explicó Emma con una naturalidad asombrosa—, no tenían alas.

—¿Me estás diciendo que habéis visto ángeles?

—Dos —especificó Ethan.

—¿Cuándo los visteis? —interrogó Sara, que había estado caminando con Julio y ahora salía del mar donde combatió el calor con un buen chapuzón.

—Mientras paseábais —repuso Emma.

Julio y Sara se miraron extrañados, luego se encogieron de hombros. Nunca dejaba de asombrarles la imaginación de los pequeños. Sara envidiaba su capacidad de crear hermosas historias y fantásticas ensoñaciones.

—¡Qué castillo de arena más bonito habéis levantado! —replicó con el único objetivo de cambiar de tema.

—"*illo ito*" —aseveró Oliver.

—Sí, es muy bonito —Julio lo susurró, refiriéndose más al cuento de los ángeles que al castillo de arena—. Bueno, creo que es tiempo de ir a comer. ¿Os parece que recojamos todo y vayamos a casa?

—¿Podremos bañarnos en la piscina antes de comer? —quiso saber Ethan.

—"*¡Ti, ina, ina!*" —aplaudió Oliver.

Los pequeños comenzaron a recoger sus cubos y palas. Mojándolos en el agua les quitaban la arena, y luego los introducían en una bolsa.

Julio, mientras tanto, sacudía la arena de las toallas y las doblaba cuidadosamente. Al inclinarse para introducirlas en la bolsa, vio un corazón dibujado en la arena.

—¡Qué corazón tan bonito! Tiene una forma perfecta —afirmó—. ¿Lo dibujasteis vosotros?

—Fueron los ángeles —repuso tranquilamente Emma.

—¿Los ángeles? —Sara se agachó para observar el corazón—. Hay tres letras dibujadas dentro del corazón —se acercó cuanto pudo para distinguirlas—. Veo una D, una S y una J.

—La D es de Dios, la S de Sara y la J de Julio —aclaró la pequeña amazona—. Es lo que nos dijo el ángel: que Dios os quiere mucho.

—¡Abu, aba, qué suerte tenéis de que Dios os quiera tanto! —comentó Ethan, y luego preguntó a su hermana—: ¿Y te acuerdas lo otro que nos dijo que les digamos?

—¡Ah, sí! Casi lo olvido —dijo Emma con toda naturalidad, mientras introducía el último cubo en la bolsa—. Uno de los ángeles nos pidió que os digamos que no debéis estar preocupados, que todo está controlado.

Julio, que había comenzado a caminar, se detuvo en seco y se giró.

—¿Os dijo qué?

—Que no debéis estar preocupados, que todo está controlado —repitió Emma—. Los ángeles insistieron mucho en que os digamos que Dios os ama mucho.

—"*Ti*, abu, *Dos* ama *uxooo*" —Oliver lo repitió, y aún en su lenguaje casi indescifrable el mensaje sonó sanador.

Julio se mantuvo observándolos, perplejo. A ellos la sonrisa no los afeaba como había ocurrido con la niña de los tirabuzones rubios, sino que los embellecía inmensamente, y en esa sonrisa que los tres le dedicaron pudo percibir el fulgor vital del mismo cielo.

26. Cuando la duda aprieta

Hay noches en las que todo son preguntas,
Pero amanece el día en que llegan las respuestas.
J. L. Navajo

Decidieron no salir, pues la tarde estaba nublada. Sara estuvo bastante tiempo en cama; su estado de salud había empeorado, al punto de que Julio consideró que debía llamar a algún médico.

—No lo hagas, por favor —le pidió Sara—. Eso alarmaría a los niños. Solo necesito descansar.

A los pequeños les dijeron que "aba" estaba cansada y necesitaba estar tranquila. Afortunadamente, tal y como Sara y Julio querían, la situación no les inquietó, pues rápido vio Julio que la patrulla indomable no había perdido el apetito.

La cosa se inició con Ethan, pero por lo visto el apetito es terriblemente contagioso, pues en cuanto el rubio apareció en el patio con un puñado de palomitas, a su hermana y a su primo les entró un desfallecimiento mortal.

Julio había podido apreciar que los tres tenían bien categorizada la comida: para Emma los alimentos se dividían en dos rangos: todos los de color verde eran PUAJ —es decir incomibles— y las salchichas, pizzas y sus derivados eran ÑAM —deliciosos—. Para Ethan los alimentos se dividían también en dos categorías, ambas muy similares los ÑAM y los ÑAM-ÑAM. Todo lo que se pudiera masticar era apetecible, sin importar color, olor o procedencia. La única pega que Ethan encontraba en la comida era que se acabase. Para Oliver, sin embargo, solo había una escala de alimentos: aquellos que en ese momento comieran sus primos. Verlos masticando algo —lo que fuera— le provocaba un ansia irreprimible por deglutir lo mismo. Y digo "lo mismo" en el sentido más literal de la expresión, porque no quería una pieza igual a la que comieran ellos... Quería "esa" pieza.

Comenté estos detalles aparentemente irrelevantes porque nos ayudarán a captar la intensidad de lo que ocurrió cuando el rubio angelito hizo su aparición en el patio, con un puñado de palomitas de maíz en su mano.

Emma gritó de inmediato:

—¡Yo quiero!

Oliver también gritó, seguramente lo mismo, pero es difícil precisarlo, pues su lenguaje está encriptado bajo códigos que especialistas de todo el mundo están intentando descifrar.

Lo que quedó meridianamente claro fue que Emma quería palomitas y el pequeño gladiador quería "esas" palomitas, las que su primo empuñaba y, por supuesto, también las que masticaba.

La manera en que el pequeño enfocó sus ojos en los *pop corn* de Ethan era mitad arrobadora, mitad estremecedora. Ni Moisés miró con tanto embeleso las tablas de la ley, ni David con tanta codicia a la joven —supongo— Betsabé.

Se acercó a su primo emitiendo sonidos guturales que debían ser sentencias lapidarias, a la vez que abría y cerraba sus manos como si fuesen las pinzas de un gigantesco cangrejo. El rubio angelito lo observó aproximarse y apretó sus puños con fuerza, custodiando en ellos las palomitas, que a esas alturas ya debían estar convertidas en harina, mientras gritaba: "mío, mío, mío..." como si se tratase de un mantra que fuera a protegerlo del asedio de su primo.

Viendo la escena, Julio evocó la expresión de aquel sabio: *El envidioso no sabe lo que quiere hasta que te lo ve a ti...*

A punto de acercarse para poner paz, ocurrió algo totalmente imprevisto a la vez que emocionante: Ethan abrió ambas manos y las tendió hacia el pequeño gladiador, ofreciéndole la harina de maíz en que se habían convertido las palomitas. Oliver, que no esperaba semejante reacción, miró con perplejidad y desconcierto las dos manitas abiertas. Era perceptible un punto de decepción en su mirada, pues ese gesto altruista desmontó su plan de acoso y derribo. Pero se recompuso enseguida, acercó su dedito, lo impregnó en el polvo amarillo y se lo llevó a la boca. Enseguida emitió un gritito que debió significar: "¡gracias, primo...!"

La emotiva escena trajo a la mente de Julio la afirmación del gran Maestro: más bienaventurado es dar que recibir.

Las siguientes horas transcurrieron en relativa calma y los pequeños no pararon de jugar y correr hasta que, con la caída de la tarde y agotados, se fueron pronto a dormir. Sara también dormía y Julio se quedó afuera, recostado en la hamaca, compartiendo su inquietud con el anochecer.

Con los ojos cerrados inspiró profunda e intensamente los mezclados olores del jardín que le llegaron a oleadas. Predominaba el denso aroma de la dama de noche y el jazmín.

Tras unos segundos abrió los ojos y estos se inundaron de un anochecer verde y oro. Las nubes se habían vuelto ciclamen, carmesí y fucsia sobre un cielo de un verde desvaído. Ladridos lejanísimos despertaron a otros perros más cercanos. Fue un instante, pues tras un breve intercambio de mensajes parecieron volver a quedarse dormidos. En una postrera rebeldía, los pájaros redoblaron su estridencia para probarse que estaban vivos a pesar de la huida de la luz, mientras las gaviotas, con sus rotos graznidos, confirmaban su supremacía sobre el trinar de los pajarillos.

El sol había desaparecido hacía bastante. Pudo percibir el sonido de las olas del Mediterráneo rompiendo sobre la costa.

Se escuchaba el ulular de un fuerte viento que venía del Este y las hojas de los árboles sacudirse bajo su roce. Eran sonidos que desde niño lo habían fascinado. Varios relámpagos iluminaron el cielo oscuro y a lo lejos se escuchó el retumbar de los truenos. Un delicioso olor a tierra mojada fue aproximado por el viento.

La tormenta se acercaba.

El paisaje del anochecer siempre tuvo efectos terapéuticos para Julio, pero desde que la enfermedad de Sara dinamitó la estructura de su vida, sentía miedo al crepúsculo. A la hora en que la luz se iba, instalaba la soledad su omnipotente monarquía en cada resquicio de su alma, y entonces sentía frío (como ahora lo estaba sintiendo), pero no era una gelidez externa, sino algo más íntimo e infinitamente más helador.

Enseguida se hizo noche cerrada con apenas un ápice de luna que jugaba a esconderse entre las nubes, lo que solo servía para ennegrecerla. Julio sintió un estremecimiento y acudió, entonces sí, en busca de Sara.

Las primeras gotas de lluvia comenzaron a caer.

A la difusa y anaranjada luz de la lámpara de noche observó a Sara durante unos minutos. Llevaban casi cuatro décadas compartiendo la vida, pero seguía fascinándole su gesto dulce y plácido cuando dormía.

Recostó su cabeza sobre la almohada para dormirse. Lo hizo muy lentamente, para no despertarla, pero pronto se dio cuenta de que conciliar el sueño no sería sencillo. Las mínimas arrugas de la sábana parecían hincarse en su espalda, pero de sobra sabía que no eran las arrugas de la tela lo que incomodaban, sino las grietas que las circunstancias habían abierto en su ánimo. No pudo evitar dar vueltas y más vueltas en la cama, incapaz de conciliar el sueño. Ella, que se había despertado al sentir a Julio y estaba convencida de que no iba a resultarle fácil volver a dormir, tomó la mano de él y la envolvió entre las suyas.

—No me gusta verte tan preocupado —le dijo—. Este tiempo de verano siempre ha sido nuestro refugio. Tenemos por delante ocho días con nuestros nietos. Es momento para reír y divertirnos.

—¿Reír? ¿Divertirnos? —las preguntas surgieron de la boca de Julio impregnadas en tristeza. Lo siguiente chorreaba dolor—: ¿Cómo quieres que me divierta pensando en que tal vez pronto no estés?

—No debes pensar eso. ¡Estoy y eso es lo importante! ¿No te das cuenta de que perdemos el presente pensando en lo que pueda traer el futuro?

Sara se incorporó, quedando sentada sobre el colchón, y sin soltar la mano de Julio le recordó:

—*Depresión es un exceso de pasado. Ansiedad es un exceso de futuro. Paz es vivir el presente confiados en Dios* —entonces envolvió el rostro de Julio con ambas manos para instarle—: Lo importante es que tú estás aquí y yo estoy a tu lado, tengo tu rostro entre mis manos... ¡Eso es lo importante!

—¿Por qué ha tenido que ocurrirte a ti? —lamentó—. ¿Por qué no pudo pasarme a mí?

—No digas eso... Jamás querría que te hubiese pasado a ti. Además, el médico dijo que hay posibilidades de que lo supere.

—¡Un diez por ciento! —recordó alzando la voz—. Eso no es posibilidad, eso es imposibilidad.

—Decido aferrarme a ese diez por ciento —concluyó Sara—. Decido aferrarme a la vida y a la esperanza.

—¿Cuándo se lo diremos a ellas? — preguntó —. Nuestras hijas deben saberlo.

—Dejemos que pase este tiempo de vacaciones —Sara besó la mejilla de Julio y volvió a tumbarse—. Es tiempo de descansar, cariño. Debes intentar dormir.

—Lo intentaré —prometió.

—Ya no tienes que luchar por el amor, ya el Amor luchó por ti —le dijo Sara besándolo—. Descansa, cariño.

Pero en su interior Julio supo que no le resultaría nada sencillo. Siempre le ocurría igual. Cuando tenía alguna preocupación la noche se convertía en la gran enemiga. Cuando su cuerpo se paraba, su mente se disparaba.

Escuchó llover afuera. La tormenta arreciaba, pero no solo en el exterior; era peor la borrasca interna.

27. En el cuartel general del mal

Ya no queda un solo demonio en el infierno,
se fueron todos a mi cabeza.
Marcela Serrano en "Antigua Vida Mía"

—¿Y qué piensas de esos dos ángeles metepatas? —interrogó Geseno a Oruga—. No dejan de molestar. Vaya manía les ha dado con hablarles a esos tres mocosos. ¡Me ponen enfermo! —Geseno aspiró con ruidosa energía la ingente mucosidad que se deslizaba de su horrenda nariz—. ¡Ya me resfrié de nuevo!

Con gesto de repugnancia, Origon apartó la mirada de su cómplice y, pensativo, se mesó la barbilla. Finalmente dijo:

—Me preocupa que comiencen con el asunto del amor de Dios. Ese tema es lo más odioso y lo más peligroso que conozco. Si se sienten amados se sentirán cuidados y eso los hará fuertes.

Rascó su mentón, pensativo. Luego pasó sus uñas por el grasiento pelo de su cabeza y finalmente decidió:

—Veo que tendremos que acelerar el proceso. Vayamos a un nuevo paso con nuestro paciente. Una poderosa vuelta de tuerca más: operación desilusión.

—¿Y eso qué es? —preguntó con desinterés y apatía Geseno.

—Que se desilusione con Dios. Que se decepcione definitivamente del Aborrecible. Que se desengañe y caiga en la frustración. La depresión comienza con la decepción. Cuando la decepción se queda en su alma, eso les empuja al desánimo.

—¿Y cómo lo hacemos? —la desidia y la abulia manifiesta teñían su pregunta.

—¡Evitando a toda costa que piensen que Dios los ama! —Origon empezaba a cansarse de tanta dejadez, así que bramó—: ¿Entendido?

—Entendido, entendido... Oye, no pagues conmigo tus berrinches —Geseno había localizado un trapo sucio y con él intentaba aliviar su nariz—. Yo no tengo la culpa de que esos ángeles sean unos metepatas...

—Hay que hacer que piensen que Dios los ignora —Origon seguía repitiendo su plan, como quien recita una sagrada letanía—. Si no logramos que ese tipo deje de creer en la existencia de Dios, hay que conseguir que piense que a Dios le traen sin cuidado los problemas que están enfrentando —reflexionó un instante para concluir—: Peor que la no existencia de Dios es que exista, pero ignore a sus criaturas.

—Sería mejor que no creyesen en Dios, ni en ángeles, ni en gaitas —replicó Geseno.

—No estés tan seguro —advirtió Origon—. Es posible que peor que la no existencia de Dios es su existencia y su indiferencia hacia el ser humano. Así que si no podemos evitar que sepan que Dios los creó, entonces enfocaremos la energía en hacerles pensar que Dios le dio cuerda al mundo y los abandonó a su suerte —y sentenció—: Que se desilusionen de Dios.

28. Proclama la fe hasta que la tengas. Luego proclámala porque la tienes.

Llegarán días en los que la certeza más firme
Se verá diluida en vapores de duda, pero no te hundas.
El sol de la fe volverá a brillar…
J. L. Navajo

Julio salió temprano a pasear. Caminar junto al mar era una terapia que cada vez le resultaba más imprescindible. Buscaba la soledad de manera casi egoísta, sin ánimo de compartirla; por eso incrementó la frecuencia de sus paseos por la orilla del mar. Tiempo atrás hacía ese camino sintiendo la humedad del mar en sus pies y el abrazo del cielo en su alma, pero eso era tiempo atrás, en aquellos días en que estaba reconciliado con Dios. No era así ahora, pues esa mañana solo notaba el agua fría lamiendo sus pies, pero el alma la percibía desamparada. No sentía amistad con el cielo, por el contrario, una sensación de rivalidad hacia Dios obraba como una presión allí adentro, donde se supone que está ubicado el corazón.

Regresó al apartamento justo en el momento en que Sara salía al patio, dispuesta a regarlo con el fin de que los niños lo encontrasen fresco al levantarse.

—¿Qué tal fue el paseo? —preguntó acercándose a Julio y besándolo.

—Bien, cariño, fue bien.

—¿Por qué sigues empeñado en mentirme...?

—¿Mentirte? —replicó con extrañeza.

—Llevamos juntos suficiente tiempo como para que tu "bien" de hoy me suene a "rotundamente mal".

Julio se sentó en una de las sillas de resina y Sara tomó asiento junto a él.

—Cuéntame —le dijo tomándolo de la mano—. ¿Cómo te sientes?

—¿Alguna vez te ha ocurrido que quieres creer en Dios, pero te resulta muy difícil hacerlo?

Sara iba a responder, pero Julio añadió datos a su interrogante:

—No sé cómo explicarlo —movía la cabeza a derecha y a izquierda—. Necesito creer que Él existe y está de nuestra parte... Pero unas veces me llena la duda de que Dios sea real, y otras me parece que es real, pero está contra mí... No sé... No lo siento amigo, ni siquiera aliado... Es tan difícil...

—Cariño, de verdad que te comprendo perfectamente. Yo misma me he sentido así en ocasiones...

—¿Tú? —Julio la miró con escepticismo—. ¿Que tú has dudado alguna vez?

—Así es...

—No puedo creerte —la sorpresa teñía las palabras de Julio—. Lo dices para que no me sienta mal; no conozco una fe más firme y sincera que la tuya.

—Que mi fe es sincera no te lo cuestiono, pero que es firme... no siempre —le miraba a los ojos mientras hacía la confesión—. Me encantaría decirte que pertenezco a esa élite de creyentes que jamás dudaron, pero lo cierto es que a veces la sombra de la duda me ha embargado. Rápidamente acudí a la oración, donde la duda se disuelve en vapores de certidumbre... Pero sí, a veces dudé.

—Nunca lo hubiera pensado —había un matiz de alivio en la respuesta—. Muchas veces siento que yo estoy hecho de dudas, pero que tú no tienes ni una sola... Tu materia prima es la confianza.

Rió Sara por la ocurrencia de su marido.

—Lo que de verdad me preocupa —añadió este— es que predico esa fe. ¿Entiendes? Predico una fe que no tengo —enfocó a Sara con ojos suplicantes.

—Predica la fe hasta que la tengas, y luego predícala porque la tienes —le sonrió con los ojos más que con la boca—. San Juan de la Cruz habló de la noche oscura del alma...

—Lo recuerdo —afirmó Julio—. Conozco el poema del místico y varias veces lo leí y subrayé, pero nunca imaginé que pudiera haber noches tan sumamente oscuras. Es como si dentro de mí sonase constantemente un estribillo cruel: "Nada tiene remedio, y tú lo sabes bien".

—*La fe es como un ave que canta, aunque no esté convencida de la canción* —la respuesta de Sara tenía el ritmo de un poema y la capacidad sanadora del bálsamo medicinal—. Levanta su trino en medio de la lluvia, aunque la melodía no conecte exactamente con lo que la avecilla siente en ese momento.

—¿Quieres decir que declarar fe, aunque no la sienta, no es hipocresía?

—Yo creo que es fidelidad. Cantar cuando la vida te invita a llorar es regalar al mundo música que alivie sus penas —reflexionó Sara un instante y añadió con la mirada fija en Julio— Es convertir nuestras lágrimas en pañuelos que enjugarán las lágrimas de otros. Es convertir el llanto en agua de riego y el aguijón en arado. *Predica la fe hasta que la tengas, y luego predícala porque la tienes.*

Por toda respuesta Julio tomó la mano de Sara y la besó; un rayo de sol arrancó destellos de la lágrima que había quedado en el dorso de la mano de su mujer.

29. La firma de Dios en la creación

Desde la creación del mundo, sus atributos invisibles,
su eterno poder y divinidad, se han visto con
toda claridad por medio de lo creado.
Romanos 1:20, LBLA

A la mañana siguiente Sara se sentía muy indispuesta, por lo que se quedó en la cama. Después del desayuno Julio llevó a los pequeños a la playa y hacia el mediodía regresaron a casa.

—¡Toma, aba! —los tres lo gritaron al unísono mientras entraban en su cuarto y le daban a su abuela un bonito ramo de flores.

—¡Qué belleza! —exclamó ella, y miró a Julio con gratitud en los ojos, mientras le decía—: Gracias, cariño.

—Lamento decirte que no fue idea mía —se encogió de hombros—. Los dejé un ratito mientras entraba a bañarme en el mar, y al salir los encontré con eso en la mano —señaló al ramillete—. Solo me dijeron que alguien que paseaba por la playa se lo había dado.

—Pero, ¿has visto qué flores? —Sara había tomado el ramo de mano de Emma y lo admiraba con ojos muy abiertos y gesto de asombro—. ¡Nunca antes he visto algo tan bello y diferente!

Efectivamente, aquellas flores no eran nada comunes. Tenían una combinación de colores indescriptible. En el ramo se mezclaban especies extraordinarias de orquídeas, en las que prevalecían los tonos azules y violetas, con otras flores de pétalos rosas y pistilos gruesos y de forma caprichosa. Eran flores exóticas, de increíble rareza, pero de una belleza fuera de lo común.

—Jamás he visto algo tan bello —repetía Sara mientras movía la cabeza de lado a lado, sin dejar de admirar el ramo que sostenía en sus manos—. Ni siquiera imaginé que pudiera haber especies tan impresionantes.

—Aba, ¿sabes que existen más de trescientas cincuenta mil especies de plantas con flores? —la sentencia surgió de la boca de Emma, mientras la cabecita de Ethan asentía y Oliver, con su dedo insertado en la nariz, parecía querer averiguar si allí adentro también había alguna flor.

—Pues no lo sabía —reconoció Sara.

—¿Y sabes que cada año se descubren cerca de trescientas especies nuevas? —Emma siguió preguntando, alternando ahora la mirada entre Sara y Julio.

—¡Eso es casi una especie nueva cada día! —exclamó Sara.

—¡Sí! —ratificó la pequeña—. ¿Y sabéis que cada flor es como una carta de amor de Dios para nosotros?

Las sentencias eran bellísimas, pero poco atribuibles a la imaginación de una niña de cinco años…

—¿Quién os dijo eso? —quiso saber Julio.

—¡Ariel! —gritó Ethan.

—¿Quién?

—Un niño que se llama Ariel —aclaró Emma.

—¿Quién es Ariel?

—No lo sé —dijo Emma—, pero estuvo jugando un rato con nosotros y después nos dio estas flores.

—*¡Ti! Etuvo jubando…* —confirmó el pequeño gladiador.

—Abus —Emma hablaba emocionada—, Ariel nos lo explicó de una forma tan bonita que lo entendimos muy bien. Nos dijo que todo eso era el regalo de un Dios enamorado de nosotros. Se descubre una especie de planta con flor cada día porque Él quiere que cada día descubramos un regalo nuevo de su amor. Que busquemos su firma...

—¿Te acuerdas, Emma? —fue Ethan quien interrumpió, muy ilusionado— dijo que la firma de Dios estaba en toda la creación.

—Sí —ratificó la bella amazona—, dijo que pone su firma como un regalo que nos ofrece. Nos explicó que Dios podría haber creado solo un tipo de flor, pero hizo muchísimos para que podamos descubrir algo nuevo todos los días.

—Pero ni aun así, en toda nuestra vida no podremos haber visto ni una mínima parte de todas las que hay —concluyó Sara—. Lo hizo por nosotros, ¿verdad, cariño?

—Sí —Ethan intentaba encontrar las palabras adecuadas para expresarlo—. Es que Dios nos quiere tanto, que le gusta que cada día veamos un regalo que nos hace.

Julio tenía que admitir que, definitivamente, las palabras que utilizaban no eran propias de niños de su corta edad. Era evidente que alguien les había dicho todo lo que ellos transmitían.

¿Ángeles?

¿Ariel?

Recordó que ese nombre, Ariel, era atribuido a uno de los seres angelicales de máximo rango en la jerarquía celestial, nada menos que a un arcángel.

—¡Mirad! —exclamó Sara—. ¡Hay una nota de papel escondida entre las flores!

Retirando con cuidado los delicados pétalos de unas orquídeas, extrajo un pequeño papel que solo tenía impresa una inscripción: "Jeremías 31:3".

Esa noche Julio también salió a pasear por el recinto. Acudió a la zona ajardinada. El jardín tenía visos de Edén. No solo por su exuberancia, las flores, los árboles, los estanques, sino también por aquel silencio infinito que proporcionaba la sensación de estar en un paraíso.

En la bóveda de su mente resonaban algunas de las frases que los tres pequeños le habían comentado. Sí, los tres, porque aún Oliver, desde su lenguaje apenas entendible, le había trasladado sabiduría y consuelo que no parecían de este mundo.

Observó la luna llena que parecía empeñada en realzar la belleza de aquel jardín.

—Solo hay trece lunas llenas en el año —dijo para sí—, y creo que la de esta noche es la más bella de todas...

También en eso pudo ver el amor de Dios y sintió que su corazón se sosegaba.

30. Enfado en el cuartel general del mal

El amor cubrirá multitud de pecados.
1Pedro 4:8, RVR 60

—¡Odio la estrategia del Enemigo! ¡Está empeñado en mostrarles Su amor! —Origon miraba a Geseno con un incendio en sus pupilas—. Recuerda lo que dice el libro maldito: *"el amor cubre todas las faltas"*.[3] Si se saben amados estamos perdidos. Tenemos que redoblar el ataque y enfocarlo bien. El objetivo prioritario es que piensen que Dios no los ama.

3. Proverbios 3:12, NVI

—¿Y qué podemos hacer? —Geseno, desesperado, se tiraba de los cuatro pelos que asomaban de su cabeza—. ¿Les inyectamos antídoto contra el plan del enemigo?

—No tenemos antídoto contra el amor —lamentó Origon—. ¡Es un veneno demasiado potente!

—Entonces estamos perdidos —Geseno pateó el suelo con rabia.

—Usaremos nuestra mejor herramienta —concluyó Origon—. Seguiremos empujándolo al desánimo.

—¿Desánimo? —Geseno casi gimió—, ¡pero si ese individuo ya está desanimado!

—¡Nunca aprenderás! —Origon movió su testuz de lado a lado—, ¿todavía no sabes distinguir decaimiento de desánimo? El decaimiento puede ser fruto de un problema, el desánimo llega cuando uno no ve ningún sentido ni propósito en ese problema. Ahí debemos enfocarnos ahora, en hacerle ver que la tragedia que viven no tiene objetivo alguno. Eso le llevará del decaimiento al desánimo, y luego... un empujoncito más y pisará la tierra de la desesperación...

—Síii —bailó Geseno su danza esperpéntica mientras soltaba una risotada histérica—. Jefe, reconozco que eres un genio...

—Bueno —Origon frotó contra su pecho sus largas y sucias uñas, en un gesto de arrogancia y suficiencia—, no se llega a la secretaría de tentaciones graves si uno no tiene méritos suficientes... ¡Pues, venga! —apremió—, ¡vamos con el paciente antes de que el maldito amor del enemigo haga más efecto!

31. Orando en la comida

Para enseñar a un niño se necesita más corazón que ciencia.
Autor desconocido

La mañana siguiente Sara también la pasó en la cama y Julio mantuvo entretenidos a los niños para evitar que se preocupasen por su abuela. Estuvieron en la playa y regresaron a la hora del almuerzo.

—Quédate un poco más en la cama mientras preparo algo de comer —sugirió Julio a Sara.

—¡Nosotros te ayudamos, abu! —exclamó Emma.

Julio, asistido en la medida de lo posible por la alegre pandilla, preparó rápidamente arroz hervido y huevos fritos, una comida sencilla de cocinar y que encantaba a los pequeños.

—¡Abu! —gritaron los tres mientras corrían al dormitorio de la abuela—, ¡ya está preparada la comida! ¡Verás cómo nos ha quedado riquísima!

—"*¡Sísísimaaaa!*" —confirmó Oliver.

Enseguida estaban todos sentados a la mesa.

—¡Yo, yo, yo, yo...!

Ethan lo repitió hasta el infinito para que a nadie le cupiera duda de que sería él quien hiciese la oración de agradecimiento por los alimentos que iban a comer.

—¡Tú ya oraste la última vez! —Emma reclamaba su derecho de dar gracias a Dios por el arroz con huevo frito, ahogadito en tomate, que estaba a punto de comerse—. ¡Me toca a mí!

—Pero la última vez había brocoli —recordó el angelito rubio—, y no me gusta. ¡Yo quiero dar gracias por el arroz con tomate!

—*¡O'ar y o'mer!* —exigió el pequeño gladiador que ya había metido su dedo en el arroz.

—Dice que quiere orar y comer —tradujo Emma.

—Me pregunto si en el cielo tendrán traductores simultáneos para esas ocasiones —rió Sara.

Julio esperaba pacientemente a que se decidieran los turnos de oración mientras que, a causa del calor, el queso que había cortado en láminas iba deshidratándose y rodeándose de un charquito de aceite.

Finalmente se acordó que en primer lugar oraría Ethan, y después Emma. A Oliver se le asignó hacer los coros en ambas oraciones.

Llegó el momento de darse la mano. Una bonita costumbre que Sara y Julio tenían a la hora de dar gracias por la comida. La costumbre era bonita, pero aplicarla con los niños no era sencillo.

Ethan prefería no dar la mano a nadie, porque eso le impedía coger pedazos de pan mientras oraba. Ese chico apuntaba maneras y sería capaz de deshacer el mito de que los hombres no son capaces de hacer dos cosas a la vez. Él sí era capaz: ingería hasta el límite de su cavidad bucal y hablaba mientras masticaba. Además, y aunque no siempre lo demostrase, el angelito rubio era muy generoso: compartía la comida con todos, pues al hablar disparaba y repartía, sin ningún miramiento, lo que fuera que en ese momento estuviera masticando.

Oliver tampoco estaba conforme con eso de darse la mano en la oración, pues hacerlo le impedía dar golpes con el tenedor en el plato. Al pequeño gladiador le encantaba poner fondos musicales a las oraciones. Emma era la única que no ponía ningún reparo a unirse por la mano, siempre y cuando su participación en la oración quedase asegurada.

Así que el primero fue Ethan, que apretó sus ojos con tanta fuerza como el pan que tenía en su mano derecha:

—Señor Jesús...

Ahí se quedó encasquillado un rato el angelito rubio, hasta que solicitó ayuda:

—¿Qué más, Aba?

Sara le ayudó generosamente, diciendo frases que el pequeño rubio terminaba:

—Gracias porque estamos pasando un día geee...

—¡ial!

—Gracias porque nos hemos bañado mucho en la pis...

—¡ina!

—Y gracias porque después de comer vamos a dormir una siesta muy gran...

—¡No!, ¡aba! ¡Eso no! —se resistió.

Así discurrió la preciosa y emotiva oración de Ethan que pasó el turno a Emma. Seguían con las manos unidas —bueno, solo los que habían aceptado orar sin comer a la vez—, el pequeño gladiador seguía golpeando el plato con el tenedor. Julio abrió un poco los ojos para echar un vistazo al queso, al que ya no le quedaba aceite por expulsar y las lonchas se iban curvando en ambos extremos, como si, aburridas de que nadie se las comiese, buscasen pasar el rato haciendo contorsionismo.

La bella amazona fluyó con una oración preciosa, bien articulada y hasta le puso sentimiento. Habría sido conmovedor de no ser porque su hermano, perdido el interés en la oración porque él ya había orado, se dedicaba a hablar con su primo y mojar pan en el huevo frito.

Por fin pudieron comenzar a comer. El tiempo de oración tuvo la extensión de un culto de domingo, pero Julio y Sara estaban realmente agradecidos de esos momentos que atesoraban en su mente. Les encantaba que los pequeños se disputasen la oración, ya fuera con la boca llena o vacía, con pan en las manos o a ritmo de tenedor contra el plato. Definitivamente, escuchar a sus nietos orar les conmovía en lo más íntimo y hacía que su desmoronada fe adquiriese algún estímulo.

Solo calculó que en las oraciones en invierno convenía mantener la sopa a fuego lento para no comerla fría, y en verano era prudente conservar el queso en sitio fresco.

32. De nuevo Alba

En la bondad se encierran todos los géneros de sabiduría.
Ernesto Sábato

A la caída de la tarde Sara se sentía mejor y salieron todos a pasear.

La plaza central del pueblo se convertía en el lugar predilecto para pasar la tarde. Aunque el calor arreciase, la temperatura allí caía varios grados gracias a los veinte robles de grueso tronco y copa frondosa que sumían al lugar bajo una confortadora sombra. Además, esa plazuela se encontraba en la parte más alta del pueblo y con una ubicación estratégica que lograba que casi siempre corriese una agradable brisa. Allí había columpios que hacían las delicias de los más pequeños y muchos bancos de piedra que los más adultos ocupaban con placer.

Julio y Sara estaban en uno de ellos mientras la alegre pandilla quemaba energías en alocadas carreras, saltos y piruetas.

—¡Buenas tardes!

Al girarse hacia el lugar de donde provino el saludo vieron a Alba justo detrás de la radiante sonrisa que la precedía.

—¡Buenas tardes, Alba! —saludó Sara.

—Tome asiento, por favor —invitó Julio haciendo espacio en el banco que ocupaban.

—¡Se lo agradezco mucho! Este calor agota a cualquiera —dijo sentándose junto a ellos.

—Hay un paisaje bonito desde aquí —comentó Sara mirando al horizonte.

—Sí —afirmó Alba—, al estar tan alta la plazuela se puede ver todo el pueblo. Y lo que me gusta es que aquí uno puede disfrutar no solo del paisaje, sino también del paisanaje.

—¿Paisanaje? —interrogó Julio.

—De los paisanos —rió Alba al aclararlo—. Aquí se reúne casi todo el pueblo y es muy interesante observar y aprender de cada uno de ellos.

—Pues aquí hemos llegado nosotros para terminar con la paz de este lugar —bromeó Sara, señalando a la temible pandilla.

—Ja,ja,ja —rió Alba al ver a los pequeños que jugaban a las carreras y gritaban entre ellos—. ¡Qué vitalidad tienen! Es una bendición verlos así, con toda la vida por delante y un millón de sueños por cumplir.

—Nosotros, sin embargo, ya no tenemos sueños —dijo Julio, y añadió riendo—, ni siquiera sueño tengo ya, cada vez duermo menos.

—Pues aproveche esas vigilias para soñar despierto —sugirió Alba—. Y también para leer.

—Eso sí —admitió Julio—, dormir poco me permite leer mucho. Es una de mis pasiones.

—Doy fe de que dice la verdad —afirmó Sara—. Es un lector compulsivo. Si leer demasiado es un problema, él tiene ese problema.

—Pues en casa tengo cientos de libros —dijo Alba—, tal vez alguno le resulte interesante. ¿Por qué no vienen y se los enseño?

—¿Ir a su casa? —interrogó Julio, extrañado de la hospitalidad a pesar de apenas conocerles.

—¡Claro! —dijo con una amplia sonrisa—, vivo muy cerca de ustedes, en el mismo residencial.

Aprovecharon un poco más la tarde en la plaza y cuando comenzaba a caer el sol se dirigieron al hogar de Alba. Era un poco más pequeño que su apartamento, pero estaba decorado con muy buen gusto. Predominaban los colores alegres, tanto en la tapicería de los sillones del salón como en los cortinajes que cubrían los grandes ventanales. Como estos daban al parque del residencial y a la zona de columpios, dejaron a los niños allí, donde podían verlos con facilidad.

—Este es mi cuarto de lectura —dijo abriendo una de las puertas que había en el recibidor; y añadió en tono de disculpa—: perdonen el desorden, pero les aseguro que sé donde está cada libro y no tardaría ni tres segundos en localizarlo.

No solo las estanterías que cubrían dos de las paredes estaban abarrotadas de libros, también en el suelo se apilaban varias torres y había tres grandes cajas repletas de volúmenes. En realidad solo quedaba un pequeño pasillo para acceder a las dos butacas que había frente a una pequeña mesa en la cual también reposaban varios libros abiertos.

Al observar que Julio miraba con interés, Alba explicó:

—Los que están en el suelo —y rió al aclarar—: esos que forman varias montañas, son los libros pendientes de leer. Luego están los de las dos primeras cajas; allí guardo los que he leído y me han hecho pensar en diversos amigos a los que les vendría muy bien su lectura, así que están pendientes de reparto. Y los de la otra caja son aquellos que me han nutrido tanto que sé que debo volver a leerlos, en esta ocasión subrayando el libro hasta casi destruirlo —volvió a reír en ese punto.

—¿Lee todos los días?

—Indefectiblemente, igual que respiro, como o duermo todos los días, también todos los días leo. Me hace soñar, viajar, crecer... —reflexionó un instante, como azuzando el recuerdo, y enseguida añadió—: Tengo entendido que para ser experto en algo debemos invertir un mínimo de diez mil horas en esa disciplina. Probablemente no sea experta en ninguna otra cosa, salvo en leer, pero es que refugiarme en un libro me ha salvado la vida muchas veces. Por eso le decía que si no le alcanza el sueño en la noche —miró a Julio fijamente—, una forma efectiva es la lectura. De ese modo tendrá sueño, y seguramente tendrá también sueños...

—Esta habitación me hace recordar la afirmación de Cervantes —repuso Sara—: *En algún lugar de un libro hay una frase esperándonos par darle sentido a nuestra existencia.*

—Es cierto eso de que una persona que lee vive mil vidas, mientras que el que no lo hace vive solo una —y añadió Julio—: y creo también que un ferviente lector sueña mil sueños.

—Estoy totalmente de acuerdo —asintió Alba—, ¿y saben algo? Los sueños que me han provocado verdaderos cambios no son los que vi mientras dormía, sino aquellos que no me dejaron dormir, y les aseguro que algunos de esos sueños comenzaron con un matiz de pesadilla.

—¿Sueños que producen cambios positivos, pero comienzan en pesadillas? —la interrogante que liberó Julio iba impregnada en un casi imperceptible sarcasmo.

—Créame que sí —asintió Alba con la cabeza al afirmarlo—. Así como el milagro de un nacimiento comienza con un tiempo de intenso dolor, o el más bello amanecer surge del corazón mismo de la noche, o la exuberante primavera se va gestando bajo la fría capa del invierno...

De pronto reaccionó Alba y se incorporó rápidamente de su asiento.

—¡Qué desconsiderada soy! —exclamó—, no les he ofrecido nada.

—No se preocupe, por favor —dijo Sara—, no es necesario...

—¿Qué les parece un té Chai? —ofreció—. Lo tomo cada tarde y me va genial. Esa mezcla de clavo, canela, jengibre, y qué sé yo cuántas cosas más, obra maravillas en el sistema digestivo, además de estar delicioso.

—Pues no se hable más —aceptó Sara—, me encantará probar ese té Chai.

—Gracias, Alba —dijo Julio mientras ella colocaba el agua a hervir—. Supongo que tiene razón en eso de que a veces los sueños que transforman comienzan con un tinte de pesadilla. Creo que eso es lo que llaman dolores terapéuticos.

—Y adversidades que son auténticos maestros —sonrió Sara al decirlo—. No te fíes demasiado de las palabras de una persona que no tiene cicatrices.

Asintió Alba con firmeza y afirmó:

—Esa ha sido una máxima en mi vida. Como dijo Emerson, *los malos tiempos tienen un valor científico. Son ocasiones que ningún buen alumno se perdería.*

—¡Muy buena esa! —aplaudió Sara—, igual que el texto de la Biblia que leímos el otro día, cariño...

—Sí —recordó Julio, y de tal modo que pudo recitarlo de memoria—: *cuando tengan que enfrentar cualquier tipo de problemas, considérenlo como un tiempo para alegrarse mucho porque ustedes saben que, siempre que se pone a prueba la fe, la constancia tiene una oportunidad para desarrollarse. Así que dejen que crezca, pues una vez que su constancia se haya desarrollado plenamente, serán perfectos y completos, y no les faltará nada.*[4]

—La Biblia —dijo Alba, asintiendo mientras retiraba el agua del fuego y colaba la infusión—. Creo que no hay obra literaria como esa. Es perfecta, no solo en su estilo, también en su contenido.

—Me gustaría poder decirle que creo a pies juntillas en eso de que debemos alegrarnos mucho cuando estemos en problemas, pero no sería honesto —negó con la cabeza—. Me cuesta, me cuesta mucho...

—¿Saben? —Alba puso las tazas con el té delante de sus invitados y acercó un azucarero para que lo endulzasen a su gusto—, he descubierto que un corazón con puntos de sutura se convierte en un cofre que alberga valiosos tesoros, mientras que una vida sin un solo raspón es como una página en blanco que no dice nada a nadie.

Probablemente fue el leve gesto de dolor que traslucía el rostro de Alba cuando dijo eso, lo que puso sobre aviso a Julio, quien dijo:

---

4. Santiago 1: 2-4, NTV.

—Algo me dice que no nos habla desde la ciencia, sino desde alguna dura experiencia —aventuró Julio mientras añadía a su té un poco de azúcar y giraba la cucharilla para disolverlo.

La mujer asintió varias veces con la cabeza y finalmente quedó mirando al suelo. A Julio le pareció que, extinguida su sonrisa, el aspecto de Alba se avejentaba notablemente. Mantuvo la mujer la mirada en la punta de sus zapatos y luego comenzó a hablar sin alzar la cabeza.

33. Recelo en la zona oscura

Estén siempre atentos y listos para lo que venga, pues su enemigo, el diablo, anda buscando a quien destruir. ¡Hasta parece un león hambriento!

1 Pedro 5:8, TLA

—No me gusta nada el giro que está dando esa conversación —refunfuñó Origon.

—Pues algunas frases suenan interesantes —repuso Geseno.

—Que hablen de resiliencia y de la superación del problema y de toda la autoayuda que quieran no me preocupa demasiado, pero que empiecen a meter el código maldito en la conversación... Eso me inquieta y me agota.

—¿Resiliencia? ¿Código maldito? —Geseno seguía tan perdido como de costumbre.

—Resiliencia, pareces bobo, es la capacidad de los humanos de superar una crisis, adaptarse a la nueva situación y desde allí elaborar un futuro mejor. Y el código maldito, deberías saberlo hace mucho, es el libro que contiene la palabra de nuestro enemigo!

—¡Resiliencia! —y comenzó a saltar, haciendo piruetas ridículas, mientras lo repetía—: Resiliencia, resiliencia. ¡Me gusta la palabrita!

—Y tenemos toda una eternidad por delante para seguir aguantando a esta calamidad —Origon se dejó caer en su asiento de piedra y apoyando la cabeza en ambas manos, resopló.

34. Desgarrones en el alma

Dios nos consuela en todos nuestros sufrimientos para que también nosotros podamos consolar a quienes sufren, dándoles el mismo consuelo que recibimos de Él.
2 Corintios 1:4, PDT

Humeaba el té y un agradable aroma de canela llenaba el ambiente. Manteniendo la mirada en el suelo, Alba comenzó su relato.

—Aquel día mi esposo estaba siendo intervenido quirúrgicamente. Una hernia en su columna vertebral le estaba complicando la vida desde hacía meses. La situación se fue agravando hasta que el dolor en la zona lumbar era tan fuerte y constante que lo limitaba completamente —inspiró profundamente y no retomó su discurso hasta que hubo vaciado sus pulmones—. Por más tratamientos que le aplicaron —y especificó—: inyecciones, corticoides, pastillas de todo tipo y color, ninguno lograba darle más de tres días de alivio, así que la visita al quirófano se hizo inevitable...

—¿Salió bien la operación? —preguntó Julio, temiendo lo peor, a juzgar por el gesto que, cada vez más, ensombrecía el rostro de Alba.

—Nuestro hijo —miró a Julio, pero continuó su relato como si no hubiera escuchado la pregunta—, Isaac, venía en su automóvil a visitarlo.

—¿Su hijo? —interrogó ahora Sara con gesto de extrañeza—. Había entendido que tenía usted dos hijas...

—Isaac guiaba su vehículo prudentemente —de nuevo ignoró la pregunta, segura de que en la continuación del relato se respondería sola—; a mi hijo nunca le gustó la velocidad, pero no ocurría lo mismo con el conductor que vino en dirección contraria —se detuvo y volvió a inspirar, como si en el esfuerzo de recordar se le fuese la energía—. Aquel coche que vino de frente invadió el carril contrario a causa de la velocidad y chocó contra el automóvil de nuestro hijo —Alba volvió a fijar la mirada en el suelo, e hizo un silencio tan prolongado que pensaron que ya no hablaría más. Sara avanzó en su silla para posar su mano sobre el hombro de Alba. Cuando alzó la mirada pudieron apreciar la lámina de agua que se mecía en sus pupilas. Habló por fin—: Los bomberos tuvieron que emplearse varias horas para lograr extraer el cuerpo de Isaac de entre aquel amasijo de hierros. Y eso fue todo lo que pudieron extraer: su cuerpo, porque mi hijo ya no estaba allí.

Ahora sí, guardó silencio y volvió a expirar de forma tan contundente que junto al aire pareció brotar una enorme carga de pesar que soportaba hacía mucho tiempo.

—¡Dios mío! —fue lo único que Sara acertó a decir. Julio, sin embargo, se quedó mudo a causa del estupor y con la mirada fija en el rostro de Alba.

Pasaron cerca de dos minutos antes de que ella reaccionara. Se pasó la mano por los ojos, llevándose las lágrimas que pugnaban por salir. Tomó su taza de té y miró a ambos, intentando fabricar una sonrisa.

—Disculpen, no sé a cuenta de qué les he contado esto. No suelo ser tan quejica y plañidera, ni tampoco me abro con tanta facilidad. Ustedes me han inspirado confianza y bien que lo han pagado con mi discurso lacrimógeno.

—No diga eso, por favor —replicó Sara—. Le estoy muy agradecida por la confianza que demuestra al relatarnos algo tan íntimo.

—Yo también se lo agradezco —se sumó Julio—. Y créame que me admira que a pesar de ese trágico suceso vaya usted iluminando el mundo con su sonrisa. Imagino que...

—interrumpió la frase, como si buscara las palabras idóneas para no herir a su interlocutora—, imagino que la muerte de Isaac no fue algo fácil de superar...

—No fue sencillo, por supuesto que no —admitió—, pero lo más difícil fue lograr perdonar al causante del fatal desenlace. Al conductor que provocó la colisión. La analítica que le practicaron demostró que conducía bajo los efectos del alcohol y de alguna droga.

—¡Dios mío! —Julio llevaba la barbilla de hombro a hombro con estupefacción—. Dice que le costó lograr perdonarlo. ¿Quiere decir que logró hacerlo? —había escepticismo en su voz.

—Finalmente sí, pero como le digo, no resultó sencillo.

Julio pensó en sus dos hijas, en sus tres nietos, en la posibilidad de que alguien les hiciera daño.

—Creo que a mí me resultaría imposible —confesó.

—Acabaría usted perdonando, estoy segura —y su tono de voz evidenciaba que lo estaba—. Nadie tiene la suficiente energía emocional como para vivir sin perdonar y no pagar las consecuencias. Ya sabe eso de que el rencor es el veneno que uno mismo ingiere esperando que le haga daño al ofensor.

—Y guardar rencor es como sacar mil fotocopias del dolor vivido —recordó Sara.

—Lo condenaron a cuatro años de cárcel —revivía los acontecimientos mientras los relataba—. No fue sino hasta que hubieron pasado dieciocho meses que reuní las fuerzas necesarias para ir a visitarlo a la prisión.

—¿Fue a verlo a prisión? —había sorpresa en la voz de Sara.

—Perdonar nunca será un sentimiento, sino una decisión —afirmó la mujer—. En realidad la determinación me llegó cuando leí una historia acerca de una madre que subía la cuesta del Calvario desecha de dolor. Su hijo acababa de suicidarse. ¿Puede haber dolor más intenso que ese? —no esperó respuesta, sino que ella misma la desgranó—: No es solo la pérdida del hijo de manera inesperada, atroz, inútil... Es la sensación que queda en el corazón de la madre de no haber sido capaz de satisfacer la necesidad emocional del que se quitó la vida, de haber fallado en el oficio más sagrado y relevante: ser madre. Esta desdichada mujer del relato arrastraba el peso del dolor y otro infinitamente mayor: el de la culpa. Casi en la cima del Gólgota se encontró con otra mujer también rota de desdicha; su hijo había sido asesinado. Ambas se abrazaron compartiendo dolor y lágrimas. Ambas habían perdido a uno de sus hijos de forma dramática. Tras romper el abrazo se preguntaron por su identidad: "Soy María, dijo la primera, el nombre de mi hijo era Jesús". "Ciborea es mi nombre, afirmó la otra madre, mi hijo se llamaba Judas". Volvieron a abrazarse sellando el hecho de que *es en el perdón donde se encuentra el material necesario para reconstruir las ruinas de una vida desmoronada.*

—Me deja sin palabras —exclamó Sara—. Supongo que ya se lo han dicho antes, pero escucharla es como tomar medicina.

Uno siente que cada palabra es oxígeno puro que entra al alma.

—Mencionaron antes la Biblia —dijo Alba. — Déjenme que les lea una de las partes de las Sagradas Escrituras que encuentro más asombrosas. Fue a una de las estanterías y de allí extrajo un grueso volumen lujosamente encuadernado. Con dedos ágiles de avezada lectora recorrió las páginas y enseguida dio lectura a la porción que buscaba:

> *Job... se postró en el suelo para adorar, y dijo: desnudo salí del vientre de mi madre, y desnudo he de partir. El Señor ha dado; el Señor ha quitado. ¡Bendito sea el nombre del Señor!* [5]

Se acercó de nuevo a nosotros y antes de sentarse dejó la Biblia abierta por los libros que llenaban las mesas.

—Cuando llegue al cielo quiero conocer a este hombre —dijo—. Job me enseña lo que es confiar cuando todo te invita a dudar, y adorar aunque ningún estímulo externo te motive para hacerlo. ¿Saben que este "*se postró a adorar*", que aparece en el texto, llega justo después de que Job lo hubiera perdido todo? —no esperaba que respondiésemos, sino que continuó—: no solo perdió posesiones materiales, no solo le abandonó la salud, no solo vio una enorme cantidad de pérdidas humanas en las personas de sus sirvientes... Lo tremendo es que perdió a sus siete hijos y a sus tres hijas... ¿Pueden captar la intensidad de esa tragedia? ¡Diez hijos muertos en un instante! No hay dolor que supere a ese dolor... No hay dolor

5. Job 1: 20—21, NVI

que sobrepase a la pérdida de un hijo, pero diez... —ni pudo ni quiso añadir más.

—Indudablemente —Sara hablaba estremecida—, Job lo perdió todo... Es imposible perder más.

—Y fue justo al llegar a ese punto —continuó Alba— que la Biblia registra: *"se postró en tierra y adoró"*. Job convirtió las ruinas de su vida en altar de adoración y las lágrimas en agua de ofrenda —miró primero a Sara y después a Julio, finalmente sentenció—: Eso se llama cantar bajo la lluvia.

—Eso se llama fidelidad en el enorme sentido de la palabra —añadió Sara.

—Pienso que algo que resultó desalentador para Job fue ver que su esposa perdía la fe —reflexionó Alba—. Estoy segura de que esa sentencia tan cruda en la que ella le dice a Job: *¿Cómo sigues reteniendo tu fe? ¡Maldice a Dios y muérete!*[6] Estoy segura —repitió— que no brotó de un corazón lleno de maldad, sino de un corazón lleno de dolor. El dolor había alcanzado las cotas más elevadas y desmoronó los pilares centrales de la existencia de aquella pobre mujer. Es comprensible que reaccionara con esas palabras tan duras; lo que no es comprensible es la reacción de Job: postrarse y adorar —en este punto fue Julio quien agachó la cabeza. Sara, comprendiendo que su marido se había sentido identificado con la descreída y herida esposa de Job, tomó la mano de él y la presionó con ternura.

—Lo más desalentador para Job —continuó Alba— debió ser que, durante treinta y siete capítulos de la Biblia, ¡Dios

6. Job 2:19 (parafraseado)

no dijo nada! El silencio de Dios debió ser estremecedor, sin embargo, en la conclusión del libro se devela el misterio: Dios ama que sintamos Su Presencia, pero está más interesado en que se fortalezca nuestra fe, porque una vida movida por sentimientos será inestable. Dios está más interesado en nuestro carácter que en nuestra comodidad. Pasada la prueba, Dios honra la fe y fidelidad de Job —volvió a abrir su Biblia y leyó—: *«Así que el Señor bendijo a Job en la segunda mitad de su vida aún más que al principio"*.[7] Asintió varias veces con la cabeza justo antes de añadir—: Fue un oscuro túnel de treinta y siete capítulos, pero que desemboca en la más gloriosa bendición, porque Dios jamás desperdicia una pena, sino que las convierte en riqueza.

Los niños habían llegado y era momento de irse. Así que se incorporaron y cuando iban a despedirse, Alba les preguntó:

—¿Han oído hablar del Kintsugi? —y comprendiendo que no, a juzgar por el gesto de perplejidad en el rostro de ambos, explicó—: es una técnica de origen japonés para arreglar fracturas de la cerámica con barniz de resina mezclado con polvo de oro —reflexionó un instante y enseguida añadió—: más allá de una técnica ha llegado a convertirse en una filosofía que plantea que las roturas y su posterior reparación forman parte de la historia de un objeto, y que esas quebraduras deben mostrarse en lugar de ocultarse, y que esas fracturas pueden embellecer el objeto, poniendo de manifiesto su transformación e historia. ¿Se dan cuenta? —preguntó elevando su habitual sonrisa casi a una carcajada—. Las roturas, heridas y fracturas convertidas en galardón y trofeo.

7. Job 42:12, NTV

—Resulta inspirador —reconoció Julio.

—Creo que es más que eso —matizó con humildad Alba—. ¿Me permiten que les explique la historia? No me llevará más de dos minutos.

Sara y Julio volvieron a tomar asiento junto a Alba. Los niños, por su parte, también parecieron interesados en la historia, pues se sentaron en el suelo, muy atentos al relato.

—La historia del Kintsugi, por cierto —aclaró— es una palabra japonesa que significa literalmente *carpintería de oro*. Se remonta a muchísimo tiempo atrás, en concreto a finales del siglo XV cuando el shōgun, título que designaba al comandante del ejército japonés, Ashikaga Yoshimasa, envió a China, para ser reparados, dos de sus tazones de té favoritos. Los tazones volvieron reparados, pero con unas feas grapas de metal que los volvían toscos y desagradables a la vista. El resultado no fue de su agrado, así que buscó artesanos japoneses que hicieran un mejor trabajo. Estos pegaron las partes quebradas con una resina mezclada con oro, dando así con una nueva forma de reparar cerámicas. La belleza de los utensilios restaurados convirtieron esa técnica en arte. Tan apreciado fue que algunos llegaron al punto de ser acusados de romper cerámica para luego poderla reparar con dicho método —rió al decirlo—, porque las piezas reparadas mediante este método tenían más valor que aquellas que nunca se rompieron.

Alba hizo un silencio reflexivo, claramente orientado a que sus interlocutores captasen el profundo mensaje que su historia contenía.

—Estoy convencida —dijo por fin—, que hay vidas que después de su quebradura valen infinitamente más que cuando estaban impecables. Estoy convencida —insistió— que *un corazón con cicatrices se convierte en un mapa que guía a muchos a la tierra del consuelo.* ¿Recuerdan los veinte robles de la plaza de este pueblo? —señaló Alba en dirección a la glorieta de la que acababan de llegar—. Cada uno de ellos no son otra cosa que una bellota que cayó a tierra y se quebró, pero no aceptó darse por vencida.

35. En el cuartel general del mal

Las dificultades preparan a menudo a una persona normal para un destino extraordinario.

C. S. Lewis

Aquella intervención de Alba fue dinamita para la estrategia de los demonios. Un disparo certero en la línea de flotación del buque de guerra del infierno.

—¿De dónde ha salido esa mujer? —Geseno estaba asombrado.

—Es munición pesada del enemigo. Ha arruinado todos nuestros avances de los últimos días —repuso Origon, indignado y caminando a un lado y otro, como león enjaulado—. He indagado en la historia de esa vieja. Mil percances ha sufrido y como si nada, ha sido azotada por enfermedades severas, tras perder a su hijo perdió también a su esposo, no ve hace tiempo a sus hijas porque viven lejos, trabajan duro y no tienen tiempo ni dinero para viajar... Me pregunto por qué siempre lleva esa estúpida sonrisa —resopló dando una patada al suelo.

—Me cuesta reconocerlo —dijo Geseno—, pero a mí me parece que esa sonrisa no es estúpida, sino sincera.

—Lo peor es que ha sido formada y curtida en la universidad del dolor y se graduó *cum laude*. Por fortuna son pocos los que superan esa formación, pero quienes lo hacen se convierten en los peores tropiezos para nuestros planes. La experiencia es para los humanos el más brutal de los maestros, pero aprenden, maldita sea, ¡como aprenden!

—Lo que yo veo es que la vieja es feliz y eso que tiene un montón de razones para no serlo, pero parece que siempre mira lo positivo en vez de lo negativo. Es como esos que tienen mil razones para llorar, pero siempre encuentran mil y una para reír.

—¡Cállate! —Origon se metió dos dedos en las orejas—. Pareces un maldito predicador, ¡cállate ya! Te prefiero aburrido y apático que sermoneando.

36. En la zona de luz

Pues mi ángel irá delante de ti y te llevará...
Éxodo 23:23, NTV

—Esa mujer es una bendición para la tierra —repuso el ángel más joven—. Aprecia lo que tiene y no se desespera por lo que le falta. Siempre busca el rayo de luz en medio de la tormenta y decide enfocarse en la mínima razón para reír aunque se vea rodeada de mil razones para llorar...

—¡Si los humanos conocieran la capacidad terapéutica que tienen! —replicó el veterano ser de luz—. ¡Si supieran que pueden ser agentes de consolación para el mundo! Y si llegasen a entender —añadió— que la mejor manera de experimentar sanidad personal es enfocarse en sanar a otros...

—Alba es feliz y por eso contagia felicidad —reflexionó Ariel—. Nadie puede dar lo que no tiene, pero cuando alguien contiene esa salud emocional logra impregnar a los demás.

—Pero son muchos los que tienen felicidad, y no tantos los que deciden compartirla —lamentó Miguel—. Sin embargo, quienes optan por hacerlo, rápido se dan cuenta de que la felicidad y el amor crecen a medida que se comparten. Son dones que al dividirlos para compartirlos, se multiplican. Dar felicidad no empobrece, sino que enriquece. Doy uno y en el banco de felicidad aparece un magnífico depósito en mi haber.

—Definitivamente Alba es una colaboradora efectiva del cielo. Deberíamos facilitar más encuentros de esa mujer con nuestros pacientes.

37. Amor eterno

¡Cuán precioso, oh Dios, es tu gran amor! Todo ser humano halla refugio a la sombra de tus alas.
Salmo 36:7, NVI

Amanecía un nuevo día.

Aun era temprano, pero Sara y Julio llevaban tiempo levantados. Sentados a la mesa del patio disfrutaban de la quieta mañana saboreando un delicioso café. Frente a ellos, y dentro de un jarrón con agua, estaba el ramo de flores que los pequeños le habían traído; el color de los pétalos era intenso, casi fosforescente, y las flores se mostraban espectacularmente vivas.

Sara tenía abierta su Biblia por el libro de Jeremías; en concreto leía la cita que vino escrita en la nota de papel que apareció en aquel ramo.

—*"Con amor eterno te he amado."*[8] —lo leyó en voz alta, y sus ojos se mantuvieron mucho rato sobre la frase.

—Siempre fue tu cita favorita —comentó Julio—. Es, incluso, el texto que imprimimos hace treinta y cinco años en nuestra tarjeta de invitación de boda.

—Es sorprendente —casi lo susurró—. ¿Cómo es posible que quien entregó el ramo de flores lo supiera?

—No tengo la menor idea —murmuró Julio—. No puedo entenderlo, todo esto resulta extraño...

—Extraño, pero maravilloso —la esperanza y la fe impregnaban las palabras de Sara—. Es un mensaje directo al corazón: Él nos ama... ¿Lo entiendes, cariño? —Sara tomó la mano de Julio y la puso sobre la Biblia abierta, como intentando que tocase aquella promesa. Luego cubrió esa mano con la suya. Ambos arropando la declaración de amor eterno—. Él nos ama y eso es suficiente...

—De verdad que quiero creerte —los ojos de Julio brillaban de humedad—. No te imaginas cuánto deseo creerlo, pero... —buscaba, entre la telaraña de emociones que llenaban su mente, las palabras que pudieran describir la confusión que sentía—. No sé cómo decirte... Las evidencias de hoy contradicen a mis convicciones de ayer. Me resulta difícil conjugar el amor de Dios con un cáncer de páncreas. Es como si el tumor llenase la escena, y no dejase lugar para el amor de Dios...

Sara arropó ahora con sus dos manos la desvalida mano de Julio. Se inclinó hacia él y besó amorosamente su mejilla.

8. Jeremías 31:3, NVI

Supo que su marido no necesitaba juicio, sino comprensión. No era un descreído, sino un herido. No se trataba de falta de fe, sino de exceso de dolor. No era un soldado desertando, sino un ser humano necesitado de cariño y comprensión.

—¿Sabes? —le dijo—. Recuerdo cómo papá me habló la primera vez que le hice saber que tú me gustabas. "No lo conozco a él, me dijo, pero te conozco a ti. Te conozco lo suficiente como para saber que nunca odiarías a nadie, pero tampoco entregarías tu amor a cualquiera, y eso es suficiente para confiar en ti. Sé que no elegirás a alguien que corte tus alas, sino a aquel que te anime a surcar cielos de libertad..."

—Y te dijo, además —siguió recitando Julio—: "Sé que conoces de sobra que un pez y un pájaro se pueden enamorar, pero nunca encontrarían juntos un lugar donde hacer el nido" —continuó recordando—. "También sabes que amar no es mirarse el uno al otro, sino mirar ambos en la misma dirección. Y como sé que conoces todas esas realidades, no tengo temor. Te enamorarás de la persona adecuada".

—¡Lo sabes de memoria! —replicó Sara con admiración.

—Imposible no saberlo —sonrió él—. Me lo has dicho mil veces, pero te aseguro que me sigue emocionando el escucharlo... y especialmente hoy necesitaba recordarlo.

—Y lo más hermoso de la historia —ahora abrazó a Julio— es que papá tuvo razón y tú eres la persona adecuada, y me siento feliz y agradecida... ¡Y volvería a elegirte mil veces!

Julio respondió al abrazo de Sara y por un tiempo la luz del amanecer perfiló la más bella escena de amor en el atardecer de dos vidas.

—¡Abus! ¿Pero qué hacéis?

Al girar la cabeza vieron a la temible pandilla, que, vestidos con sus pijamas y con ojitos pegados de sueño, observaban desde la puerta.

—¡Los abus son novios! —gritó Emma—. ¡Los abus son novios!

Enseguida Ethan y Oliver lo corearon; el más pequeño lo hacía con su irrepetible lenguaje y rebuscando, como siempre, en su naricita:

—¡*A'us ovios!*

—No podemos regañarlos —rió Sara—. Lo que dicen es totalmente cierto —replicó, abrazando y besando a Julio.

Emma se aproximó y observó la Biblia abierta sobre la mesa.

—¡Siempre leéis ese libro! También papá y mamá lo leen —dijo—. ¿Por qué os gusta tanto?

—Por muchas razones, cariño —respondió Sara—. Es como una colección de cartas de amor que Dios nos dirige. También es como oxígeno que me ayuda cuando el mar de la vida parece tragarme, y noto que cuando la leo, Dios me dice cosas...

—Aba —intervino Ethan—, las cosas que dices son un poco raras, pero suenan muy bonitas...

—Sí, cielo, suenan bonitas y son realidades hermosas.

—*"ades osas"* —ratificó Oliver con su dedito derecho insertado en la nariz.

38. Majestad

Vi al Señor sentado en un majestuoso trono, y el borde de su manto llenaba el templo. Lo asistían poderosos serafines, cada uno tenía seis alas. Con dos alas se cubrían el rostro, con dos se cubrían los pies y con dos volaban.
Isaías 6:1, NTV

—¿Crees que está surtiendo efecto? —la fina voz de Ariel rezumaba esperanza matizada con algo de duda—. ¿Convencerle de que Dios los ama será efectivo?

—Es imposible que no lo sea —el veterano Miguel había participado en suficientes misiones como para estar convencido de que el plan era el adecuado.

—¿Por qué estás tan seguro?

—No hay mayor estrategia ni remedio más efectivo que el amor —respondió su compañero—. *El amor sana cada enfermedad y es hilo de oro que sutura el peor desgarrón* —reflexionó entonces un instante, al cabo del cual añadió—: La crisis de nuestro paciente es severa, y requerirá de tiempo, pero surtirá efecto.

—¡Pero Julio ha perdido la fe y también la esperanza!

—Es cierto —admitió—, ha perdido grandes tesoros. Nada es comparable a la fe, la esperanza y el amor, pero el mayor de los tres es el amor, por eso debemos inoculárselo en dosis gigantescas.

Los dos ángeles enmudecieron cuando una gran refulgencia inundó aquel sector de la bóveda del cielo. Era el Rey en todo su cautivador esplendor. Cubrieron su rostro protegiéndose del resplandor, a la vez que se inclinaban en señal de reverencia. Un ser de majestad incomparable había hecho su entrada y con su mano derecha señalaba en una dirección. Era hacia el lugar donde la imagen de una cruz se alzaba; de ella brotaba un fulgor tan radiante como cálido. El eco de las palabras del ángel resonó en el aire de aquel admirable lugar: *"No hay mayor poder que el amor, es el perfecto antídoto para cualquier mal, incluso para el peor de ellos: el pecado"*.

39. Amor, sin principio ni fin

Un corazón con cicatrices puede convertirse en un mapa que guíe a otros a la tierra del consuelo.
J. L. Navajo

Enseguida la mesa estaba llena con tazas de leche y cacao, junto a paquetes de galletas y rebanadas de pan tostado.

—¿Aba, nos quieres leer de ese libro? —Emma señaló a la Biblia que seguía abierta junto a la taza de Sara.

—Voy a leeros la cita que vino en la tarjeta con el ramo de flores que trajisteis ayer —se ajustó las lentes y leyó con calma—: "*Con amor eterno te he amado*".

—¿Qué significa eso, abus? —interrogó Ethan.

—¿Sabes lo que es el amor? —quiso saber Julio.

—Creo que sí —respondió el pequeño—. Pero no entiendo eso de "eterno".

—Eterno es sin principio ni fin —explicó Sara—, que siempre fue y siempre será, que siempre existió y nunca dejará de existir. Eso significa que Dios nos amó siempre y siempre nos amará —miró intencionalmente a Julio y su voz casi se quebró en la siguiente frase—: no hubo nunca en el pasado un momento en que Él no nos amara y no habrá nunca en el futuro un momento en que Él deje de amarnos.

—Me acuerdo —dijo Emma tocando las flores del jarrón, que seguían erguidas y frescas—, que el niño que nos dio las flores nos habló de una cosa muy curiosa que las plantas hacen, lo llamó —se rascó la cabeza, intentando recordar—, ¿cómo lo llamó? Era una palabra muy rara.

—*"fitointesis"* —gritó Ethan.

—¡No! —negó Emma—. ¡No era así! Era algo de fotos...

—*"Fotopisis"* —dijo entonces el angelito rubio.

—*"pises"* —quiso repetir, con poco acierto, el pequeño gladiador, y sus primos rieron de la ocurrencia.

—Creo que lo que queréis decir es fotosíntesis —apuntó Julio.

—¡Eso! —exclamó Emma—. Eso es, nos dijo que os comentemos que lo que hacen las plantas en eso tan raro que has dicho —no se atrevió a repetir la complicada palabra— debemos hacerlo nosotros.

—Qué extraño —repuso Sara.

—En la fotosíntesis —explicó Julio— las plantas convierten la luz del sol en alimento, y al hacerlo liberan oxígeno que favorece la vida de los demás seres.

—¡Es cierto! —exclamó Sara—. Ahora entiendo lo que quiso deciros ese niño: las plantas toman lo que viene del cielo y lo hacen suyo, y en el proceso de alimentarse del cielo, llenan de vida la tierra. Igual ocurre con nosotros. Quien se alimenta del cielo reparte vida en la tierra.

La sorpresa y la perplejidad que Julio sentía eran evidentes en su rostro. ¿Cómo era posible que esos niños que ahora devoraban galletas y tenían bigotitos de cacao inventasen mensajes tan profundos? Cada vez estaba más convencido de que no eran imaginaciones infantiles, pero la otra opción: que realmente seres angelicales les estuvieran usando como emisarios... También le parecía descabellada.

Se levantó de la mesa, pues necesitaba reflexionar.

—Voy a fregar las tazas y los platos —dijo dirigiéndose a la cocina.

—Recordó las palabras de Alba: un corazón con cicatrices se convierte en un mapa que guiará a otros a la tierra del consuelo. Llevó la mano a su pecho. Sintió que había cicatrices, pero su corazón se había sosegado.

40. Su majestad en la noche

Cuando un joyero quiere mostrar el brillo de un diamante lo exhibe sobre terciopelo negro.
J. L. Navajo

El día discurrió con mucha calma y tranquilidad, y cedió su lugar a una tarde apacible en la que no hicieron otra cosa que bañarse en la piscina, jugar y reposar.

Julio y Sara se dedicaron a una de sus aficiones predilectas: la lectura. Esos tiempos sosegados nutrían su mente y enriquecían su alma. Fue un día bonito y reposado, pero el anochecer fue todavía más hermoso. De no ser por la sombra de la enfermedad que todo lo empañaba, habría sido perfecto.

Todos estaban sentados en el patio y a Sara, apreciando que el cielo estaba completamente despejado, se le ocurrió:

—Voy a apagar las luces y veréis qué noche más bonita.

En cuanto las lámparas que iluminaban el patio se apagaron, pudieron apreciar un cielo desde el que relumbraban millones de puntos que se asemejaban a diamantes sobre terciopelo negro.

—Otra preciosa noche de diamantes en el cielo —dijo, y ayudándose con la luz de su teléfono móvil, abrió su Biblia y la quietud se inundó con el sonido de su voz:

Oh, Señor, Señor nuestro, ¡tu majestuoso nombre llena la tierra!

Tu gloria es más alta que los cielos.

A los niños y a los bebés les has enseñado

a hablar de tu fuerza,

En este punto Julio no reprimió su impulso de mirar a los pequeños y acariciar por turno el cabello de todos ellos. Indudablemente esas bellas criaturas estaban siendo emisarios de la fuerza y majestad de Dios.

Mientras tanto la voz de Sara seguía llenando la noche de perfecta y poderosa poesía:

Así silencias a tus enemigos y a todos los que se te oponen.

Cuando miro el cielo de noche y veo la obra de tus dedos

—la luna y las estrellas que pusiste en su lugar—, me pregunto:

¿qué son los simples mortales para que pienses en ellos,

los seres humanos para que de ellos te ocupes?

Sin embargo, los hiciste un poco menor que Dios

y los coronaste de gloria y honor.

Los pusiste a cargo de todo lo que creaste,

y sometiste todas las cosas bajo su autoridad:
los rebaños y las manadas
y todos los animales salvajes,
las aves del cielo, los peces del mar,
y todo lo que nada por las corrientes oceánicas.
Oh Señor, Señor nuestro,
¡tu majestuoso nombre llena la tierra![9]

Concluida la lectura, el silencio se adueñó del mágico instante hasta que Julio lo quebró como quien da un certero golpe sobre una lámina de fino vidrio:

—Es necesario que anochezca para que veamos la gloria de Dios —susurró Julio con la mirada enterrada en la inmensidad del cielo nocturno.

—Cuando un joyero quiere mostrar el brillo de un diamante lo exhibe sobre terciopelo negro —recordó ella—. Lo mismo hace Dios con las estrellas, y también con nuestra vida.

—Abu —Emma, condicionada por la solemnidad del momento, habló muy bajito—, ¿por qué no buscas algo que hable del cielo de la noche y nos lo cuentas?

—Es una buena idea —aplaudió Sara—. ¡Seguro que encuentras datos muy interesantes!

A Julio le encantaba estudiar y recibió con agrado la propuesta de su nieta.

---

9. Salmo 8, NTV

Se habría quedado impresionado de haber sabido que esa sugerencia no se fraguó en la mente de la niña, sino que era una directriz formulada en instancias muchísimo más altas.

—Lo haré —aceptó encantado—, y lo que logre averiguar os lo contaré mañana. Ahora es muy tarde y toca dormir.

A regañadientes los niños fueron a su cuarto acompañados por Sara, mientras Julio se concentraba en su tarea de investigación. Bajo la brillante bóveda celeste acudió a Internet y consultó publicaciones serias y de carácter científico. Allí se empapó de datos que lo dejaron admirado, pero lo que cautivó su atención y supuso una caricia para su alma, fue ver el amor de Dios firmando el lienzo oscuro de la noche:

> *Solamente nuestra galaxia, la Vía Láctea, tiene unos doscientos billones de estrellas, pero hay billones de galaxias en el universo que cuentan con las mismas o más que la nuestra. El sol es una estrella, y no de las más grandes. Lo que le hace parecer tan grande es la proximidad que tiene de nuestro planeta. Solo en nuestra galaxia hay muchas estrellas más grandes que el sol, por ejemplo, Mu Cefeo, que es aproximadamente 1500 veces el tamaño de nuestro Sol. Betelgeuse es 900 veces el tamaño de nuestro Sol. Antares aproximadamente 530 veces el tamaño de nuestro Sol.*

Leyendo este dato, Julio reflexionó en que la proximidad del sol es lo que le hace parecer gigantesco, y entendió que aquello a lo que decidamos acercarnos se magnificará, cobrando más relieve para nosotros. Reflexionó, además, en que en el último tiempo había permitido que la enfermedad de Sara se pegase a él, y eso era un feroz gigante que lo estaba destruyendo. Para agravar la situación, esa sombra tenebrosa lo estaba alejando de la Estrella de la Mañana, de Dios, por lo que el Señor tomaba cada vez menos magnitud.

Apartando sus ojos de la lectura los sumergió de nuevo en el majestuoso firmamento. Extendió su mano como si quisiera hundir sus dedos en aquel lienzo oscuro, pero indeciblemente hermoso.

Pensó en los millones... en los miles de millones de otros planetas que llenan el universo, y sin embargo aquí, en el ínfimo, mínimo y diminuto planeta azul fue donde ocurrió todo. Desde el principio de los tiempos Dios eligió lo más pequeño para hacerlo depositario del amor más grande.

En el planeta Tierra, no mayor que un guisante en comparación con los demás, es donde se desarrolla la historia y donde se fraguó la gloriosa escena de amor. El romance divino, el acto de amor más grande que jamás se ha dado, ocurrió en un lugar tan pequeño como la punta de un alfiler. Como Sara acababa de recitar: "*¿Qué son los simples mortales para que pienses en ellos, los seres humanos para que de ellos te ocupes?*".[10]

Su mente era un turbión de reflexiones llenas de enseñanza. Recordó que Júpiter es mil veces mayor que la tierra, que todos los planetas de nuestro sistema solar cabrían dentro de él; sin embargo, todo es apariencia. Júpiter es puro gas girando sobre sí mismo. Si nos posásemos en él nos hundiríamos; tal vez nunca encontrásemos allí materia sólida. ¡Tiene una apariencia majestuosa, poderosa, increíble! Pero es solo eso: apariencia

10. Salmo 8:4, NTV

sin nada de esencia. También ese descubrimiento fue didáctico para Julio. Demasiado a menudo se había preocupado de que los demás vieran en él a alguien brillante, pero en ese momento el firmamento le recordaba que no vale la pena enfocarse en el continente, sino en el contenido. *No es lo más importante la apariencia del envase, sino lo que de verdad hay adentro.*

No pudo evitar recordar a Edgar Mitchel, integrante de la expedición del Apolo 14 y el sexto hombre que caminó sobre la superficie lunar. Cuando el astronauta regresaba de esa expedición que tomó catorce días, y en el espacio vio la grandeza y maravilla del cosmos, quedó tan admirado que dijo que esa perspectiva cambió su pensamiento y su vida. "*Ver esa belleza, majestad e inmensidad* —afirmó— *otorga a todas las cosas su dimensión justa*". Comentó que desde allí resulta ridículo y aberrante pensar en una guerra provocada por cuestiones de fronteras o de dinero. Opinó que si los políticos pudieran reunirse en el espacio para llevar a cabo sus deliberaciones, el panorama político y social, así como la manera de llevar a cabo las gestiones de estado, cambiarían ostensiblemente.

Julio siguió oteando el firmamento y enseguida apreció el fulgor de Venus, la luz más intensa de la noche y también conocido como la Estrella de la Mañana. Allí estaba, inundando de brillo el oscuro lienzo. Recordó que Dios se hace llamar así: "Estrella de la Mañana". La luz que se mantiene cuando el resto de las estrellas se han apagado. El ser que permanece amándonos cuando todos los demás se alejan.

Abrigado por la oscuridad de la noche se incorporó del asiento, dobló sus rodillas y con sus antebrazos apoyados en la silla formuló una silenciosa oración que escaló el cielo hasta llegar al trono de Dios: *"Creo, Señor, ayuda mi incredulidad... Quisiera volver a mirarte desde la proximidad desde la que antes te contemplaba... Ayuda mi incredulidad!"*[11]

Un estremecimiento recorrió su cuerpo; no tenía que ver con la temperatura que había descendido varios grados, sino con el calor que lo arropó, como si alguien lo abrazara.

41. Se estremece la zona oscura

Tiembla el diablo al ver arrodillado al más débil cristiano.
A. W. Tozer

En otro lugar, oscuro como esa noche, pero infinitamente más tenebroso, otro estremecimiento recorrió los cimientos con la fuerza de un seísmo. La oración no había llegado solo al cielo; también allí abajo fue sentida y sacudió los fundamentos de aquel inframundo.

—¡Nooooooo! —no fue un grito lo que profirió Origon, sino un rugido que sonó como un estruendo que hizo vibrar las mismas rocas.

—Casi me matas del susto —se quejó Geseno, insertando sus dos dedos índice en las grumosas orejas.

11. Marcos 9:24, RVR 60 (con paráfrasis añadida)

—¡No podemos permitirlo! —volvió a rugir Origon—. ¡Eso sí que no! ¡Si comienza a orar estamos perdidos!

—¿Y qué hacemos? —se quejó Geseno.

—¡Lo que sea!, pero no debe volver a orar. ¡Que lea cuanto quiera, que cante, que baile, pero que no ore!

—Vale, jefe, pues dime qué puedo hacer.

—¡Redoblemos el ataque! —Origon estaba fuera de sí—. ¡Aceleremos el plan! ¡Esa viejita debe desaparecer!

42. Nuevo mensaje de amor

El corazón humano es un instrumento de muchas cuerdas;
el perfecto conocedor las sabe hacer vibrar todas,
como un buen músico.
Charles Dickens

El día apenas comenzaba, y en la inmovilidad de los árboles se adivinaba otra jornada calurosa, idónea para invertirla cerca del agua.

El sol se miraba en el mar, convirtiéndolo en una lámina de estaño inerte, mientras Julio, paseando por la orilla, reflexionaba en las palabras que Emma les dijo la tarde anterior.

—Abus —comenzó a relatarles mientras merendaba el yogur con macedonia de frutas que Sara les había preparado—, tuve un sueño muy bonito durante la siesta...

—¿Qué soñaste? —preguntó él.

—Soñé con unos niños que brillaban mucho, como si estuviesen hechos de luz —detuvo la cuchara llena de yogur a medio camino entre el tazón y su boca, mientras relataba—: Eran dos y se acercaban; uno de ellos tenía algo en su mano, y cuando estuvieron cerca pude ver que lo que llevaba era un corazón...

—¿Un corazón? —preguntó Sara con extrañeza.

—Sí —ya tenía la boca llena de yogur, pero la emoción le hacía seguir hablando—: era igual a los que dibujamos, pero se movía, como si latiera —explicó—, y entonces me tocaron con él y el corazón desapareció, creo que se metió en mi pecho, porque sentí algo muy especial, como una alegría y una paz muy grandes.

—¿Tuviste miedo en el sueño? —quiso saber Julio.

—No, no tuve miedo —aseguró—. Esos niños me daban mucha tranquilidad. Sonreían mucho y yo me notaba muy alegre a su lado. Entonces me dijeron que tengo un corazón muy bonito y también muy valioso.

—¿Eso te dijeron? —interrogó Sara.

—Sí, y también me dijeron que lo estudiase y comprendería lo valioso que es mi corazón.

—Es un sueño un poco raro —dijo Ethan que ya se había terminado su yogur y empezaba a meter la cuchara en el tazón de Oliver—. A mí me habría asustado.

—"*Ti*" —ahora opinó Oliver cuyo rostro y nariz estaban impregnados de yogur—. "*Muto tuto*".

—¿Qué dice? —quiso saber Julio.

—Mucho susto —tradujo con efectividad Emma—. Que a él le habría dado mucho susto.

El resto del día discurrió en la reparadora monotonía típica de las vacaciones, excepto por el episodio que se dio justo después de la comida, cuando la temible pandilla encontró un juguete que la mamá de Oliver se había empeñado en incluir en el equipaje y los abuelos se empeñaron en ocultar, pero al parecer no lo suficientemente bien.

El artilugio en cuestión era un dispositivo que disparaba agua y contaba con un depósito infinito. Los pequeños lo encontraron bajo la cama de los abuelos, donde estos lo habían ocultado, y luego siguieron buscando y rebuscando con la esperanza de localizar otros dos, pero como no había más, lo que hubo fueron gritos y zarandeos, pues todos querían el dichoso artilugio y se apropiaban de él como podían. En realidad al principio pareció que había un consenso fraternal en que lo utilizarían por turnos, pero eso fue solo hasta que llenaron el gigantesco depósito de agua, pues ahí se perdió el acuerdo.

Todos querían usarlo primero.

El desdichado juguete se vio sometido a tirones, arrastres y cambios violentos de mano, y como no podía gritar, en su desesperación al ver su muerte por desmembramiento tan próxima, hizo lo único que podía hacer: escupir agua a diestra y siniestra. Cristales, puertas y ventanas escurrían agua como si lloviese a cántaros. Sara y Julio intentaron intervenir y propiciaron una imagen que hubiera sido cómica de no ser trágica: dos adultos, que triplicaban el tamaño de los niños, huyendo de pequeños que disparaban agua.

Finalmente, la temible pandilla pareció llegar a un pacto y firmaron entre ellos la paz. Sí, se pusieron los tres de acuerdo... Contra Julio.

Le miraron con ojos que chorreaban suspicacia. Sonrieron maléficamente y corrieron tras él.

Julio voló por el patio como si lo persiguiera un toro enfurecido, hasta que en una curva cerrada sintió que sus piernas iban por un lado y el resto del cuerpo por otro. Cayó contra el suelo con sus cinco sentidos, y lo peor, con todo el cuerpo. Aunque el impacto lo recibió en el punto justo donde terminaba su espalda, al girarse y ver a los francotiradores riéndose y sin dejar de vaciar el cargador de su acuática pistola sobre él, se dio cuenta de que aquel golpe había sido un disparo al corazón de su dignidad.

Sí, le dolió más la dignidad que el final de su espalda.

Lentamente... muy lentamente, la calma fue adueñándose del espacio y el campo de batalla fue convirtiéndose de nuevo en hogar. El artilugio de disparar agua reposaba en el suelo y los habitantes del hogar hicieron lo mismo sobre las sillas y hamacas.

Julio esperó a que la temible pandilla estuviese distraída, y entonces cogió el dispositivo maldito y entró con él a casa.

¿Adónde lo llevaba?

¿Qué más daba? A la basura, al crematorio, al barranco… Donde fuera con tal de que desapareciese de la vista.

Regresó, ya sin arma de destrucción masiva y con una radiante sonrisa iluminando su rostro.

—¿Qué harás cuando lo pida? —preguntó Sara.

—Ya se me ocurrirá algo —sonrió—. Basta a cada día su propio afán.

Cuando caía la tarde recordó el sueño de Emma, y reflexionó en que el consejo de esos niños, o ángeles, o quienes quiera que fuesen los que habían hablado con ella mientras soñaba, podía ser una sugerencia muy acertada: estudiar el corazón. Sin pensárselo dos veces acudió a la Biblioteca Municipal e indagó en publicaciones de confianza que le ayudasen a bucear en los misterios de nuestro órgano vital. La investigación no solo le resultó interesante, sino sobre todo, inspiradora. Logró recopilar datos que lo dejaron asombrado.

Esa noche durante la cena decidió contarles lo que había aprendido, y el relato de los descubrimientos sirvió además para entretener a los niños y que se quejasen un poco menos de la sopa de vegetales que esa noche tocaba. Bueno, Ethan no necesitaba de alicientes ni entretenimientos, pues, como ya dije, para el angelito rubio todo lo que sea masticable es deliciosamente comestible.

—El corazón es una bomba aspirante e impelente —explicó Julio— que late continuamente, a lo largo de toda nuestra vida, haciendo que la sangre circule por todo el cuerpo —los niños empezaron a poner cara de no entender nada, por lo que decidió implicarles en la enseñanza—. ¿Queréis saber cómo es de grande vuestro corazón?

—¡Síií! —respondieron enseguida.

—¡Yo quiero saber cómo es mi corazón! —insistió Emma.

—Bueno, el corazón es más bien pequeño. Cerrad vuestra mano —les pidió.

Emma vio la ocasión de liberarse de la cuchara y dejar de comer sopa por un momento. Oliver, que no entendía bien lo que le estaban pidiendo, se limitó a imitar a su prima y soltó con gran alegría la cuchara. Ethan, sin embargo, no quiso dejar de comer, así que cerró su mano izquierda, mientras con la derecha recargaba su cubierto y llenaba su boca de caldo con vegetales.

—El corazón de un adulto —dijo Julio— pesa aproximadamente medio kilo y mide unos doce centímetros de largo y unos nueve de ancho —y señalando a las manitas cerradas de los niños, les dijo: Si deseamos hacernos una idea del tamaño de nuestro corazón, basta con cerrar los dedos y observar nuestra mano: el corazón de cada persona equivale aproximadamente al tamaño de su puño. Así que vuestro corazón es de grande como ese puño —y fue tocando una por una las manitas de ellos.

—¡Alaaa! —exclamó Emma—, ¡pues qué corazón tan chiquitito tiene Oliver!

—*"No'ito, e'ande!"* —replicó en tono ofendido el pequeño gladiador.

—¡Ja, ja, ja! —rió Emma—. ¡Dice que no es chiquitito, que es grande!

—Pero aunque no sea muy grande —aseguró Julio—: es igual de efectivo que el corazón de cualquiera de nosotros.

Sara asistía con mucho interés y con una enorme sonrisa a la magistral clase que impartía su marido. Sentía una gran alegría de verlo tan implicado y emocionado en esos maravillosos descubrimientos.

—¿Sabéis cuándo comienza a latir el corazón de una persona?

—¡Cuando nace! —aventuró Emma.

—*"¡Ace!"* —repitió Oliver, que no había vuelto a agarrar su cuchara y, sigilosamente, había retirado el plato poniéndolo delante de su primo.

—¡Sí, cuando nace! —dijo Ethan con la boca llena de vegetales y agradeciendo con un gesto el generoso detalle de su primo.

—El corazón de una persona comienza a latir mucho antes —les dijo—. En concreto al decimoctavo día después de la concepción. Así que en la tripita de mamá comienza a latir y lo hará durante toda la vida.

Los niños estaban completamente absortos en el relato y Julio continuó su explicación:

—El corazón late unas setenta veces por minuto, lo que significa unas cien mil pulsaciones al día; cuarenta millones de latidos al año.

—¡Madre mía! —Emma expresó su asombro— ¿Y no se estropea?

—Mueve constantemente —continuó su abuelo—, a través de los noventa y seis mil kilómetros de venas y arterias con que cuenta el sistema circulatorio del ser humano, la inmensa flota que conforman los veinticinco billones —sí, con "b"— de células sanguíneas que contienen nuestros cinco litros de sangre. Así bombea cada día diez mil litros de sangre.

Aunque la alegre pandilla no entendía todos los conceptos que Julio transmitía, este lo hacía con tanta pasión que los mantuvo conectados al relato.

—En nuestra sangre tenemos una cosa que se llaman glóbulos rojos...

—¡Sí! —afirmó Ethan—, yo tengo de eso, porque un día me corté un poquito con una tijera y se me salió toda la sangre y era roja...

—No se te salió toda la sangre —le dijo Emma—, ¡solo salió un poquito, que yo lo vi!

—¡Pues nooo, lista! —el rubio se ofendía cuando lo contradecían—, se me salió toda la sangre...

—Si se te hubiera salido toda la sangre te habrías muerto —le dijo ella.

—Bueno, chicos, no importa —apaciguó Sara—. Sigamos escuchando lo que abu nos cuenta, que es muy interesante.

—Pues si pusiéramos en fila los glóbulos rojos que tiene una persona, podríamos dar siete veces la vuelta a la tierra con la línea que formaríamos.

—¡Qué montón! ¿Y los tenemos todos dentro? —la idea asustaba a Ethan.

—¿Y no pesan? —se le hacía difícil de concebir a la bella amazona.

—Además —continuó abu—, de esas células sanguíneas, cada segundo mueren dos millones para ser reemplazadas por otros dos millones más en una resurrección que no se ha visto interrumpida desde el momento de nuestro nacimiento.

Los niños abrieron la boca, asombrados de un relato tan impresionante.

La noche anterior todos quedaron perplejos ante los datos que transmitió durante la cena, y ahora, sentado frente al mar, Julio llevó su mano al pecho y sintió el rítmico latido. El hombre jamás ha creado una máquina semejante. Ese corazón era una bendición y un regalo del creador.

Reflexionó largamente en ese milagro de vida antes de incorporarse y comenzar a caminar a buen ritmo sobre la arena de la playa. Si bien era cierto que en el último tiempo se había vuelto algo descreído, descubrimientos como los que acababa de realizar le hacían imposible dudar de la existencia de un Dios poderoso, creativo y, a juzgar por lo extremadamente detallista que fue al crearnos, además era un Dios amoroso. Reparó en que somos obras de arte diseñadas y creadas con mimo y esmero. Inspiró profundamente, y en la bocanada de aire entró también una deliciosa sensación de paz que en el último tiempo había extrañado.

Seguía reflexionando y caminando a buen ritmo cuando percibió un sabor salado que impregnaba su labio superior. Pensó que habría sido humedad del mar arrastrada por la brisa, pero no era eso, no, sino lágrimas que se deslizaban por sus mejillas, y por primera vez en mucho tiempo sintió que el origen de esas lágrimas no era la frustración o el temor, sino una emoción cercana a la gratitud que tenía tintes de esperanza y matices de fe resucitada, como si las brasas que amenazaban con extinguirse recobrasen calor y vida.

Sin querer ni poder evitarlo se arrodilló sobre la arena y oró. Las palabras que brotaron de sus labios eran una mezcla de interrogantes y gratitud; temor y esperanza... Pero esa amalgama de emociones fue mecida por la brisa y llevada a lo más alto. Los seres de luz pudieron apreciar que aquella oración alcanzó el mismo corazón del Altísimo.

Se incorporó Julio sintiéndose reconfortado y recorrió toda la playa, hasta el espigón del fondo, allí alzó los ojos y vio la imponente torre del mar alzándose con la aparente intención de hincarse en la inmaculada panza del cielo. Poco después regresó en marcha ligera, incluso hizo un trecho de la playa a la carrera; era un defensor militante de que una clave para la buena salud es que el cuerpo se active y la mente repose, así que intentaba ejercitarse todo lo posible. Lo de la mente, sin embargo, le estaba resultando más difícil, aunque volvió a inspirar profundamente y le pareció que algo estaba cambiando en su tormenta interior, como si la calma quisiera llegar para quedarse.

Aún de lejos pudo apreciar que los tres niños, junto a Sara, ya estaban en la playa. Corrió hacia ellos, deseoso de transmitirles todo lo que en esa mañana había aprendido y sentido.

—Abu —intervino Ethan cuando estuvo junto a ellos—, ¿cuando vas a llevarnos a ver aquel faro?

El angelito rubio señalaba a la torre del mar que él acababa de admirar en el extremo sur de la playa.

—¡Me parece una buena idea! —dijo Julio—. Una de estas mañanas nos acercaremos a verlo, pero tenéis que estar dispuestos a caminar —advirtió—, hay que recorrer toda la playa y luego escalar aquel acantilado.

—Yo sí me atrevo —exclamó Ethan con tono de suficiencia—. Eso es facilísimo.

—Pues para mí es más fácil aun —replicó la bella amazona—, seguro que si echamos una carrera hasta allí yo gano.

—*"Yo pambien oy, tú llevas asos"* —sentenció el pequeño gladiador.

—Ja, ja, ja —rió Emma con ganas—. Dice que él también va y que tú lo llevas en brazos.

Sara y Julio rieron con la ocurrencia del pequeño.

—Pues venga, echemos una carrera hasta donde está el socorrista, a ver quién gana —Julio tomó a Oliver en sus brazos—. Ethan, Emma, ¿estáis listos?

—¡Sííí! —gritaron ambos.

—¡Preparados, listos, ya!

Todos salieron corriendo tan de prisa, que Julio no vio a la pequeña de tirabuzones rubios que apareció en su camino. Se habría asustado de haber percibido el gesto que torció el rostro de la niña cuando la atropelló en su carrera.

Aquel horrible rictus no se suavizó cuando Julio la incorporó, ni siquiera cuando le pidió disculpas tres veces.

Se habría estremecido mucho más de haber escuchado el rumor que brotó de aquellos labios. El tono no era inocente, ni infantil, ni femenino: *"¡Eso sí que no! Que oren a la carrera antes de comer o mientras se cepillan los dientes, o mientras conducen su vehículo de camino al trabajo, eso no me inquieta demasiado... Pero que se arrodillen y se concentren en el Enemigo,¡eso sí que no!"*

43. Un don inmenso: escuchar

Existen dos formas de ver la vida: una es creer que no existen los milagros, la otra es creer que todo es un milagro.
Albert Einstein

Después de la mañana de playa, Sara se adelantó en su regreso a casa para ir preparando la comida y Julio se quedó con los niños para que aprovechasen el soleado día.

Antes de marcharse, abrazó a Julio y le dijo:

—No te imaginas lo contenta que estoy de verte ilusionado...

—¿Lo dices por lo que os conté sobre los descubrimientos acerca del corazón? —interrogó Julio.

—No es solo por lo que me has contado —explicó ella—, es el haberte visto sonreír y correr con los niños. Estaba muy preocupada por tu estado de ánimo.

—Lamento mucho entristecerte con mis días de bajón —dijo con mucha sinceridad—. Me encantaría saber disimularlo, pero cuando despierto así se me hace imposible ocultarlo. Nada me ilusiona, nada me motiva y casi todo me atemoriza o me deprime...

—Bueno, nadie está libre de la ley de la ondulación...

—¿Ley de la ondulación?

—Simas y cimas —aclaró ella—; la fluctuación de sentimientos y emociones. No debemos desesperarnos cuando llegan esos días en los que nada nos entusiasma. La rueda gira mientras avanzamos y el radio que hoy está abajo, mañana estará arriba.

—Lo malo es que también ocurre al revés —advirtió Julio—, quien hoy está arriba mañana estará abajo. Recuerdo las palabras de Jack Kerouac: "*Súbitamente comprendí que las cosas van y vienen, incluido cualquier sentimiento de tristeza: también se irá. Triste hoy, alegre mañana. ¿Por qué inquietarse tanto?*".

—Exacto —admitió Sara—. Por eso no debe sorprendernos que la alegría de hoy mañana se disipe. Solo es cuestión de enfrentar con prudencia y paciencia cualquier etapa que estemos viviendo, mientras aguardamos el cambio de ciclo.

Cuando se hubo marchado, Julio entró al mar a darse un baño, pues el calor arreciaba. Se mantuvo un rato en el agua, pero sin perder de vista a los pequeños. Ellos apenas levantaban la cabeza, ocupados en sus construcciones de arena.

Al salir del agua observó que Oliver, tras meter su dedo en el oído, lo introdujo en su boquita y arrugó el gesto en un rictus de amargor.

—"*No'uta* —exclamó—. *Uta má aiz*"

—¡Ja, ja, ja! —rió Emma—. ¡Dice que no le gusta, que le gusta más lo que hay en la nariz!

Julio no pudo evitar reír también.

—¡Este niño es increíble!

—Yo creo que se ha metido el dedo en la oreja —replicó Ethan—. por lo que nos acaba de contar Ariel.

—¿Ariel? —Julio estaba extrañado y comenzaba a estar preocupado—. ¿Cuando estuvo Ariel con vosotros?

—Ahora mismo, nos ayudó a hacer este castillo de arena —aclaró Emma—. Él nos ayudó.

Esa vez sí que no se lo iba a creer. Acababa de comprobar, y se sintió decepcionado por ello, que todo eso de los ángeles era fruto de la imaginación de los niños.

—Os vi cuando jugábais con la arena y pude ver que estábais solos —afirmó Julio.

—No, abu —porfió Ethan—, Ariel estaba con nosotros.

—Está bien, Ariel estaba con vosotros —e interrogó a continuación—: ¿podéis explicarme por qué yo no lo vi?

—A lo mejor porque no crees en él —respondió con toda naturalidad la bella amazona.

Julio decidió no discutir con los pequeños, y comenzó a recoger todos los utensilios de playa.

—Abu, te quiero mil muchísimo —dijo Ethan espontáneamente.

—¡Gracias! —Julio se acercó y abrazó al pequeño—. Me gustaría que me dijéseis siempre la verdad, pero yo a ti te quiero con todo el corazón.

—¿Corazón? —interrogó Emma—. ¡Como el que ha hecho Ariel!

—¿Qué corazón hizo Ariel? —quiso saber Julio.

—Mira —el rubio angelito señaló al suelo, al centro del castillo—. Fue él quien dibujó ese corazón.

En la parte central de la construcción de arena, en lo que se suponía que pretendía ser el patio del castillo, había un corazón perfectamente delineado en el que se podían apreciar, al igual que el primer día de playa, tres letras: "D, S y J". La imagen resultaba familiar y el mensaje que transmitían lo era aun más: de nuevo una declaración de amor que el cielo les dirigía. La "D" representaba a Dios, y la "S" y "J" a Sara y Julio. Los tres unidos en el mismo corazón.

Algo aturdido interrogó a los niños:

—¿Qué fue lo que os dijo? ¿Por qué dices que Oliver rebuscó en su orejita a causa de lo que Ariel os comentó?

—Estuvo hablándonos de lo maravilloso que es poder oír —respondió Emma.

—Sí —intervino Ethan con gran entusiasmo—. Nos dijo: "¡Escuchad, podéis oír el sonido del mar!" Y el mar sonaba muy bonito.

—Y nos contó que nuestro oído era una creación de Dios muy maravillosa...

—"*Oma, abu*" —Oliver tendió un papel a Julio.

—¿Y esto?

—"*Ió e nene*"

—Dice que se lo dio el nene —tradujo Emma—. Creo que fue Ariel.

Julio tomó el papel que le ofrecía Oliver y lo desplegó. La hoja estaba cubierta por un texto de impecable caligrafía y escrito en brillante tinta roja. Movió su cabeza a derecha e izquierda con perplejidad, se sentó sobre la arena y comenzó a leer el escrito:

> *Me da la impresión de que enfrentas la tentación de sentirte pobre, desposeído y desafortunado. Posiblemente se deba a que no has calculado la inmensa riqueza que posees. Déjame que te recuerde un enorme tesoro que tienes y del que tal vez no eres consciente:*
>
> *¿Has captado el privilegio que supone disfrutar del oído?*
>
> *¿Puede un niño reír sin que te contagie el sonido de su risa?*
>
> *¿Puede el viento despeinar los árboles sin que el rumor de la brisa llegue a tus oídos?*
>
> *¡No!*
>
> *¡Tienes la capacidad de captar los mil sonidos que cada instante te rodean!*

Eso es posible porque los veinticuatro mil filamentos que incorporé en tus oídos vibran con el aleteo de un ave y se estremecen bajo el sonido del mar que golpea las rocas. Se mecen con suavidad ante el canto de un ave, vibran, alegres, con las risas de los niños, y se sacuden ante un "te amo".

El oído es una perfecta obra que incorpora la más compleja ingeniería.

Aprecia estos detalles: El conducto del sonido, desde la oreja o pabellón exterior hasta los tímpanos, se halla protegido por una cera amarilla de sabor amargo —al leer eso Julio sonrió recordando el gesto de Oliver cuando saboreó esa cera, y al darse cuenta de que acababa de sonreír, se detuvo, reflexivo, reparando en que era ya la cuarta vez que en esa mañana liberaba una sonrisa—. *Una cera intencionalmente amarga, y cuyo objetivo es ahuyentar a los insectos que quisieran penetrar en el pabellón auditivo.*

En el oído medio hay una cadena de huesecillos. El primero de ellos es el martillo, que apoya su mango en la parte interior del tímpano, golpeando, a cada movimiento de este, el yunque, que pone en vibración el estribo. Estos huesecillos hacen el papel de palanca, es decir, acrecientan la fuerza y el valor de los movimientos del tímpano al traspasarlos al interior. El huesecillo, llamado martillo, cumple además la función de amortiguador y acomodador del tímpano de acuerdo con la intensidad del sonido. En el oído interno, el llamado caracol, es como un piano arpa con más de diez mil quinientas teclas. En cada tecla hay una cuerda sensible, un hilo finísimo del nervio acústico, que lleva su vibración al cerebro, donde producirá la sensación auditiva.

¿Y si de repente se produjera un ruido ensordecedor? El oído cuenta con un mecanismo de protección incorporado, en forma de acción muscular, que ajusta la cadena de huesecillos para disminuir la fuerza del sonido.

El sistema auditivo también nos permite localizar la procedencia de los sonidos. El secreto radica en varios factores, entre ellos la forma de concha de la oreja, sus pliegues, la distancia a la que está colocada una oreja de la otra y la genialidad del cerebro para hacer cálculos. Si se detecta una mínima diferencia de intensidad en el sonido que percibe un oído con respecto al otro, o si el sonido llega a cada oído con una diferencia de tan solo treinta millonésimas de segundo, el cerebro hará que los ojos se dirijan rápidamente al lugar de donde proviene el sonido.

Esas operaciones que tu sistema auditivo desarrolla en un tiempo imperceptible, si tuvieses que realizarlas de manera consciente, te exigiría utilizar las matemáticas más avanzadas, y hacerlo a la velocidad del rayo. Si un ingeniero diseñara un sistema de audición que se acercara, siquiera remotamente, al que yo te regalé, sería objeto de múltiples honores.

¿Puedes percibir que es toda una maravilla? ¿Cuánto dinero estarías dispuesto a pagar por algo así? Sin embargo, no te ha costado nada. Es un delicado regalo, cuidado hasta los mínimos detalles, que yo he decidido hacerte con el fin de que cada día, en cada sonido, en cada

sílaba que cruce el umbral de tu oído, puedas escuchar el eco de mi voz que te dice:

"Te amo".

Aunque había concluido la lectura, Julio mantuvo largo rato sus ojos fijos en el papel. Aquel texto era un abrazo a su corazón. Un mensaje de amor que lo conmovía. Le asombraban y admiraban los datos impresos en aquel folio, pero le inquietaba la procedencia de aquella misiva.

¡Supuestamente Ariel se lo había dado a Oliver!

Aquello solo tenía dos posibles explicaciones, o como familia ese verano estaban viviendo una historia de locos, totalmente incomprensible, o todo se trataba de una fantástica invención fraguada en la mente infantil de los pequeños. Sin embargo, esa segunda hipótesis se desmontaba a la luz de los contundentes datos y de los hechos objetivos que jalonaban la historia. Esos tres niños no tenían acceso a comprar un ramo de flores como el que entregaron a Sara, ni a escribir cartas con datos médicos y científicos. ¡Por Dios! Solo Emma sabía escribir breves palabras y con letras desiguales. No tenían tampoco la capacidad de dibujar en la arena con la precisión y perfección que exhibía el dibujo de aquel corazón. Esos datos lo persuadían de que todo aquello estaba ocurriendo realmente.

A punto de levantarse para regresar a casa, sintió que Ethan lo abrazaba desde atrás, apoyaba su cabecita en su espalda y le decía:

—Abu, te quiero trillones de millones...

—Gracias, yo a ti también te quiero muchísimo —Julio estaba conmovido; aquella increíble obra de ingeniería del cielo que llamamos oído, había funcionado a la perfección haciendo que esas palabras llegasen a donde debían llegar. Lo que no constaba en el detallado informe que el ángel, o quien quiera que fuese el autor de aquel documento, le había facilitado, es que ese milagro del oído tiene conexiones directas con el alma, haciendo que palabras como las que acababa de escuchar, lleguen allí y se posen con la suavidad de una pluma—. Chicos, aba nos espera para comer. Démonos prisa, pues creo que preparó algo que os va a gustar tanto que os chuparéis los dedos.

—¡Yupi! —gritaron todos, y se dirigieron a casa a la carrera.

Sara había preparado unos deliciosos espaguetis con tomate para el almuerzo. Ethan los enterró bajo una capa de queso parmesano y a continuación Oliver, empeñado en no ser menos que sus primos, hizo exactamente lo mismo.

—¿Te has fijado en las flores? —preguntó Julio señalando al jarrón que decoraba el centro de la mesa—. Yo diría que están más vivas y frescas que el primer día.

—Lo mismo pensé yo —reconoció Sara—. Lejos de marchitarse parecen más exuberantes que cuando las trajisteis.

—Tomó Julio el jarrón y lo aproximó para oler las flores.

—Tampoco es normal el aroma que desprenden —dijo—. Es un perfume intenso y que parece inocular pura alegría cuando uno lo respira.

44. ¡Pizza y dientes!

Si es posible, se debe hacer reír hasta a los muertos.
Leonardo Da Vinci

La tarde discurrió tranquila. Julio pasó mucho tiempo leyendo y Sara paseó por el recinto deteniéndose a contemplar el cuidado jardín. La temible pandilla jugó y se bañó en la piscina hasta que extenuados vinieron a reclamar la cena. No hubo opción de presentar alternativas, los tres habían decidido que esa noche querían cenar pizza. Así que la luz de la luna llena iluminó la mesa del patio en la que se exhibía una de esas cenas típicas del verano, tan deliciosas como poco saludables: una selección de deliciosas pizzas en torno a la que tres niños hambrientos aguardaban la orden de ataque.

—¿Puedo comer ya? —preguntó Emma.

—Sí, ¿podemos comer? —Interrogó Ethan.

Oliver, con eso de que era el más pequeño y hacía como que no se enteraba, ya estaba masticando a mandíbula batiente.

En cuanto la orden de asalto llegó, Julio, también hambriento, tomó un pedazo de la pizza más cercana mientras con el ojo izquierdo iba decidiendo cuál sería la siguiente y con el derecho marcaba la siguiente después de la siguiente.

Masticaba con placer y energía cuando sintió algo duro interponiéndose entre sus dientes. Miró con recelo la pizza cuatro quesos a la que acababa de herir de muerte.

¿Desde cuándo el queso tiene huesos?, pensó.

¿Sería el hueso de una aceituna?

Pero ¿desde cuándo una pizza cuatro quesos tiene aceitunas?

Discretamente, por respeto al resto de comensales, depositó el objeto duro en una servilleta de papel —aunque, a decir verdad, el resto de los comensales estaba tan ocupado en devorar las pizzas que lo último en lo que se interesaban era en lo que Julio pudiera estar haciendo—. Observó la servilleta y abrumado comprobó que era, ni más ni menos que un implante dental compuesto de dos piezas.

¡Acababa de perder dos dientes!

El incidente fue serio, suficiente como para conmocionarlo, tanto que estuvo valorando la opción de dejar de cenar. Mantuvo la mortal duda por espacio de tres segundos. Durante ese cruento lapso miró el implante dental que yacía en el papel, luego miró las pizzas que yacían en la mesa y tomó la decisión: seguiría comiendo pizza. El implante, ya fuera en la mano o en la boca, siempre estaría con él, pero las pizzas no. A juzgar por la velocidad con que desaparecían, no estarían con él ni diez minutos más.

Arrugó la servilleta de papel que contenía el implante, la introdujo en el bolsillo de su pantalón, echó en su boca desdentada lo que quedaba de "la cuatro quesos" y recargó su mano con un hermoso pedazo de pizza barbacoa.

Terminada la cena y cuando un delicioso sopor iba adueñándose de todos, Emma propuso que salieran a tomar un helado, a lo que Ethan y Oliver aplaudieron con entusiasmo.

—Cariño —se dirigió Sara a Julio— coge la bolsa de basura, por favor, y la dejamos en el contenedor cuando salgamos.

Tomó la bolsa de basura y al echar en su bolsillo algunas monedas para el helado, notó que allí adentro había un papel arrugado. *"Qué hace esto aquí"*, pensó entre extrañado y molesto. Sin dudarlo, arrojó aquel sucio papel a la bolsa de basura, y cinco segundos después la bolsa al contenedor.

Llegaban ya a la heladería, los niños gritaban el sabor de los helados que querían, cuando un pensamiento fugaz cruzó por la mente de Julio: Me faltan dos dientes de la parte superior... ¿Dónde los dejé?

¿Te ha ocurrido alguna vez que la mente se convierte en un disparador de imágenes? Así le pasó: una secuencia de imágenes surcó su pensamiento: vio una mano extrayendo del bolsillo un papel arrugado, luego observó el papel caer dentro de la bolsa de basura y finalmente apreció cómo la bolsa se precipitaba dentro de un profundo contenedor repleto de desechos... Conclusión: las piezas con que su odontólogo ganó varios miles de euros, exactamente los mismos que él había perdido, yacían en un depósito de basura.

A veces los recuerdos brotan por los ojos y se deslizan por las mejillas dejando un rastro de humedad a su paso. Eso le ocurrió a Julio.

—Abu, ¿has tirado tus dientes a la basura? —Emma intentaba entender la extraña historia que Julio relató a su familia para convencerles que debían regresar al contenedor donde habían arrojado la bolsa de desechos.

—“*¿Entes ura?*” —hasta Oliver arrugó su frente en un gesto de extrañeza ante el sorprendente relato.

Poco después la misma luna que había iluminado la mesa cubierta de pizzas, iluminaba ahora una imagen sorprendente: varias personas profanaban un contenedor de basura. Julio era una de ellas; Sara lo sostenía por los pies… única parte de su cuerpo que estaba fuera del contenedor.

—No, esa bolsa no es —dijo ella cuando extrajo un saco—. Debe ser otra…

—¡Ánimo, abu, que tú puedes! —Emma y Ethan jaleaban, animando a Julio.

—“*Edes, abu, edes.*” —también Oliver creía en él.

Fue la bolsa número siete la que, por fin, contenía el tesoro que buscaban. Al recuperarlo se giraron satisfechos, solo para comprobar que no había sido la luna el único testigo de la curiosa escena. Varios vecinos… demasiados, los observaban con un gesto indefinido, en el que se mezclaban distintas emociones, las más destacadas eran el reproche y la indignación.

Recuperaron los dientes, sí, pero Julio, abochornado, sintió que ya nunca recuperaría la dignidad que acababa de perder.

De camino a casa nadie hablaba, todos iban sumidos en inquietantes pensamientos. Solo Emma osó romper el silencio:

—Abu, no estés triste, esta noche el ratoncito Pérez te traerá un regalo.

—Sí —lo consoló también Ethan—. Cuando se nos caen dientes el ratoncito Pérez nos trae un regalo, así que te lo traerá, Abu.

—Abu, das *"egalo"* a *"Over"* —decidió el pequeño gladiador.

45. En la zona oscura

Pónganse toda la armadura de Dios para poder mantenerse firmes contra todas las estrategias del diablo.
Efesios 6:11, NTV

—No es una buena noticia que esa mujer le haya hablado a nuestro paciente sobre la ley de la ondulación —renegó Origon—. Que conozca este secreto compromete el éxito de nuestra misión.

—Es la primera vez que oigo de esa ley —replicó Geseno—. ¿Ondulación? ¿Eso que es? Ondularse el pelo —y acarició los cuatro cabellos grasientos que tenía pegados al cráneo.

—¿Ondularse el pelo? ¿Cómo puedes ser tan inepto? —Origon se desesperaba—. ¿Nunca escuchaste que todos los humanos están sometidos a altos y bajos anímicos? Y no solo el ánimo, también fluctúan las apetencias y los afectos. Todo sube y baja. Periodos de gran vitalidad se ven sucedidos por otros de aletargamiento, incluso de gran decaimiento. Afectos e intereses son fluctuantes, pero nuestra misión es trabajar en los humanos en las épocas bajas y hacerles pensar que eso será permanente. Cuando el afecto hacia el ser amado esté en bajón hay que hacerles creer que el amor nunca se recuperará, y lo mejor es buscar a otra persona que te haga sentir mariposas en el estómago. Lo mismo debemos hacer cuando su ánimo esté decaído: nos toca convencerles de que nunca volverán a ilusionarse, y eso los llevará del decaimiento a la depresión. Por eso es mala noticia que conozca la ley de la ondulación.

Geseno miraba a su compañero con la boca abierta; asombrado y abrumado por la conferencia que Origon acababa de soltar.

—Jefe, eres todo un catedrático —dijo—. No he entendido casi nada de lo que has dicho, pero te admiro, jefe... Te admiro.

46. Donde se mezclan alma y cuerpo: los ojos

A veces llega la lluvia para limpiar las heridas y fluyen lágrimas para aclarar la visión.
Marc Anthony

Los últimos acontecimientos tenían a Julio en una montaña rusa de emociones. Perplejidad, asombro e ilusión, se mezclaban con miedo, ansiedad y con la decepción que venía cargando desde aquel día en que recibió el aciago comunicado del doctor. Todo ello le impedía dormir bien. Por eso se despertaba muy temprano y el amanecer lo encontraba cada día paseando por la orilla del mar. Convirtió al mar en aliado y confidente, y este parecía responder, con su rumor húmedo y acompasado, a las confidencias que Julio le hacía.

Aquel día el alba se le antojó especialmente bella. La roja esfera se alzaba por el Este, como surgiendo del mar y convirtiendo la superficie marina en lava incandescente que se mecía con dulzura.

Llevó su mano al bolsillo de la leve chaqueta que se había puesto en la mañana, buscando su teléfono, con el objetivo de fotografiar aquel bellísimo amanecer. Tocó una hoja de papel y de inmediato recordó que esa hoja se la dio Emma poco antes de irse a dormir la noche anterior.

—Toma, abu —le dijo la bella amazona—. Me lo dio Ariel esta tarde...

—¿Cuándo te lo dio? —interrumpió Julio.

—Estuvo un rato en el parque con nosotros, mientras que aba y tú preparábais la cena.

Y se sorprendió Julio de sí mismo, de que ya no replicase con escepticismo a la niña ni le hiciese ver lo increíble de su relato. ¡Le estaba empezando a parecer normal que un ángel diera mensajes a su nieta!

Ahora, sentado sobre la arena se sumergió en la lectura:

> *Imagino que poco a poco vas siendo consciente de la inmensa fortuna que posees, pero deja que hoy te recuerde otro valioso tesoro que está en tu haber: me refiero a tus ojos, ese punto mágico donde se mezclan alma y cuerpo.*
>
> *¿Has valorado el inmenso privilegio que supone enfocar la mirada y contemplar la infinidad de cosas bellas que nos rodean? ¿La mezcla de colores en el campo? ¿La maravilla de un amanecer? ¿Sabes que no hay dos amaneceres iguales? ¡Todos son distintos! ¡Todos irradian belleza!* —y Julio volvió a recrearse en la irrepetible escena del sol alzándose sobre la superficie marina.
>
> *Tus ojos son una máquina perfecta compuesta de más de dos mil millones de piezas. Ese maravilloso sistema*

produce cada día un millón de fotografías. La imagen de lo que ves se imprime en la retina y, después, a través de diez finísimas capas, parten millares de fibras nerviosas destinadas a transmitir al interior de tu cerebro cada detalle de la imagen. Para que aquello que miras se reproduzca de manera nítida en la retina, es indispensable que los rayos de luz sean refractados y de eso se ocupa una sustancia extremadamente transparente que ubiqué a la entrada del globo ocular, llamada humor vítreo, y que ejerce de lente de extremada potencia y nitidez.

Como el ojo tiene necesidad de percibir imágenes situadas a distintas distancias, el cristalino es de una sustancia viva y elástica capaz de acomodarse a la distancia de los objetos. También el ojo debe adaptarse a distintos grados de luz y, para ello, la pupila aumenta o disminuye su abertura automáticamente gracias a unas microscópicas fibras musculares. Cuando estás en la oscuridad, tu pupila se dilata y, cuando entras súbitamente a un lugar con mucha luz, se encoge sin perder su forma circular.

Ese es otro de mis regalos de amor para ti: cien millones de receptores que he instalado en tus ojos y que te permiten disfrutar de la magia de una hoja, de un copo de nieve, de las aguas quietas de un estanque, del elegante vuelo de un águila, de la belleza de una nube, del guiño de una estrella, de la majestad de un arco iris... y de una mirada de amor.

Un nuevo regalo que preparé con todo esmero para mostrarte mi amor.

El alma de Julio recibió ese mensaje como una caricia, incluso como un abrazo, y de inmediato sus ojos, esa maquinaria de precisión asombrosa, comenzaron a segregar lágrimas, redondas como goterones de lluvia.

Nunca antes había llorado con tanta facilidad, pero los últimos acontecimientos habían incrementado su sensibilidad hasta límites que a él mismo lo asombraban. Recordó la letra de aquella canción: *a veces llega la lluvia para limpiar las heridas y fluyen las lágrimas para aclarar la visión.*

Esas descripciones tan pormenorizadas de los distintos sistemas del cuerpo humano lo hacían percibir la existencia de un Dios majestuoso, pero cuyo amor hacia el hombre y la mujer superaba su insondable majestad, y ese amor lo conmovía hasta lo más profundo.

47. Gozo en la zona de luz

En esta tierra hay ángeles a nuestro alrededor...
bajo disfraces sutiles.
Lance Armstrong

En la zona de luz se respiraba sosiego mezclado con una alegría irrefrenable. El amor iba surtiendo efecto.

—¿Te das cuenta? —dijo Miguel—. A medida que es consciente de cuánto lo ama Dios, ¿va sintiéndose más tranquilo?

—Sí —admitió Ariel—, es una muestra más de que el amor echa fuera el temor.[12]

—Si los humanos llegasen a ser conscientes de cuánto los ama Dios —repuso Miguel—, vivirían mucho más relajados, dormirían más profundamente y despertarían con más serenidad.

—Julio apenas está empezando a conocer el amor que Dios le profesa —señaló el ángel más joven—. Lo interesante es que antes de esto lo ha enseñado muchas veces —e insistió—: yo lo escuché enseñar acerca del amor de Dios.

—Es verdad —admitió su compañero—. Tenía conciencia intelectual de ese amor, pero eso no es garantía de haberlo experimentado. Hasta ahora no había necesitado tan desesperadamente saberse amado por Dios. Por eso es en este momento cuando se dejará acunar en los brazos de ese amor de forma incondicional. Es necesario estar enfermo para conocer al que sana, y triste para descubrir al que consuela. *Heridas y lágrimas se convierten en puertas que llevan al ser humano a una nueva dimensión de intimidad con Dios.* En los tiempos de bonanza muchos hablan de Dios, pero en los tiempos de aflicción no hablan de Él, sino que hablan directamente con Él. El dolor suele ser un atajo al corazón de Dios.

—Tus palabras me recuerdan la frase que atribuyen a Lord Byron: "Vemos más lejos a través de una lágrima que por un telescopio".

---

12. Ver 1 Juan 4:18.

—Bien cierto es eso —afirmó Miguel—. Bueno, esa mínima fisura que se ha producido en el blindaje de nuestro amigo puede ser suficiente para que pasemos al segundo punto de nuestro plan...

48. Estupor en la zona oscura

Es el duelo entre Dios y el diablo:
el corazón humano es el campo de batalla.
Fiodor Dostoyevski

Mientras tanto, más abajo... ¡Mucho más abajo!

—¡Estoy que me subo por las paredes! —Origon se mordía las uñas y pateaba el suelo con rabia—. Ese individuo está empezando a sentirse amado...

—¿Qué podemos hacer? —Geseno estaba sentado en el suelo, su cabeza apoyada en ambas manos y con cara de aflicción—. Habrá alguna forma de fastidiarlo, ¿no? ¿Cuál es el antídoto contra el amor?

—No tenemos antídoto contra el amor —bramó Origon, y pateó de nuevo el suelo—. Hay cosas que nos están vetadas, como por ejemplo, sentir amor o hacer que otros lo sientan.

—¿No podemos sentir amor? —Geseno se rascó el cráneo con sus uñas sucias—. Pues a veces yo he sentido que amaba a algunas muchachitas muy bellas...

—¡Necio! —casi lo escupió—. ¡Cometes el error de los humanos! Lo que tú sentiste fue deseo o codicia, pero no amor. Hemos empujado a los humanos a sentir pasión y lujuria, pero no podemos moverlos a amar. ¿Cómo vamos a dar aquello que no tenemos? ¿Todavía no sabes distinguir entre lascivia y amor? El amor es asquerosamente limpio y obsesivamente sano. Nosotros no podemos crearlo, como tampoco podemos producir placer...

—¿No podemos producir placer? ¡Ahí sí que no te creo! —Geseno se plantó frente a Origon y, señalándolo con un índice tan deforme que parecía estar comido por la artritis, espetó—: yo he movido a muchos a que disfruten de placeres alucinantes...

—¡No te enteras de nada! Jamás saldrás de tentador subalterno —murmuró Origon—. Nosotros solo podemos provocar dolor, pero no fabricar placer. A lo más que llegamos es a empujar al humano a que utilice de forma inmoderada o perversa el placer que Dios ha creado. Torcer el placer nos resulta fácil, pero el amor... ¡Eso no sabemos manejarlo!

—¿Entonces no podemos hacer nada?

—Solo podemos seguir usando nuestras armas. No tenemos la capacidad de dar placer, pero sí podemos provocar dolor, nos centraremos en ello.

Geseno liberó su risa histérica.

—Prepárate, viejita, volvemos contigo —y rió de nuevo.

49. Néctar y aguijón

Callando es como se aprende a oír; oyendo es como se aprende a hablar; y luego, hablando se aprende a callar.
Diógenes

—Abu —dijo Emma abrazándolo—: me gusta mucho como hablas en la iglesia. He visto que muchos salen animados y contentos. Yo también salgo muy contenta cuando dices esas cosas tan bonitas sobre Dios...

—¡*Ti*, abu, yo *ontento*! —afirmó Oliver.

—¡Y yo! —Ethan se unió al club—. ¡Te quiero hasta las águilas! —señaló el niño a un ave rapaz que evolucionaba en el aire de manera majestuosa.

Todo eso se había dado la tarde anterior, mientras caminaban por el paseo marítimo antes de sentarse en una pizzería a degustar el plato preferido de los tres pequeños. Ahora Julio reflexionaba en esas palabras durante su acostumbrado paseo matutino. El sol iniciaba su recorrido, asomando sobre la húmeda corteza del mar y convirtiendo el cielo en un admirable incendio frío. En torno al astro rey el color naranja era intenso, diluyéndose poco a poco con la distancia, hasta alcanzar un purísimo azul, casi blanco.

Julio caminaba por la orilla del mar saboreando las palabras de sus nietos. De pronto algo crujió levemente bajo su pie. Se agachó a mirar y vio una hoja de papel cuidadosamente doblada. La tomó del suelo y quedó sorprendido al constatar que el folio estaba completamente seco. La caligrafía era idéntica a la utilizada en los mensajes anteriores, lo mismo que el color de la tinta, de un intenso rojo que relumbraba al toque de los primeros rayos de sol.

Deteniendo la marcha, inició la lectura:

> *Quisiera mostrarte hoy otra de las refulgentes joyas que hay en el cofre de tu vida. Sí, porque tu vida es como un valioso arcón del que cada día puedes extraer brillantes gemas de valor incalculable. Permíteme una pregunta: ¿Eres capaz de hablar? Cuando tus labios se mueven, ¿articulan expresiones coherentes y fabrican mensajes?*
>
> *Ninguna otra de mis criaturas goza de esa capacidad, pero tú la tienes. Y lo más importante es que lo que brota de tus labios no son solo verbos y adjetivos, sino expresiones dotadas de poder. Lo que verbalizas tiene autoridad, puede ser agua que devuelva la vida a quien fenece de sed, y combustible que prenda un incendio de ilusión en el corazón del deprimido.*

Con tu voz puedes componer caricias y abrazos, fabricar una coraza para quien se siente débil e incluso... decir te amo.

Tus palabras son llaves capaces de abrir puertas cerradas, confiriendo la entrada a maravillosos palacios de paz.

Puedes convertir fonemas en medicina, y vocablos en hilo de oro con los que suturar sangrantes heridas.

Y eso es un don exclusivo del ser humano.

Los humanos y otros primates tienen una anatomía vocal muy similar en lo que respecta a la lengua y la laringe, la parte del cuerpo que permite transformar el aire en sonidos, pero ningún otro ser creado cuenta con la posibilidad de convertir los sonidos en palabras cargadas de sentido.

Tú sí la tienes.

Pero es fundamental que recuerdes que las palabras son como las abejas: productoras de miel y portadoras de aguijón. Pueden sanar, pero también herir; pueden levantar al caído, pero tienen la potestad de rematar al herido. No es rigurosamente cierto que a las palabras se las lleva el viento. Cada palabra destruye o edifica, hiere o cura, maldice o bendice.

¿Sabías que una sencilla frase puede suponer un golpe que arroje a alguien al abismo?

¿Conocías que un conjunto de palabras puede transformarse en escala que alce del abismo a quien se vio sumido en él?

Usa bien las palabras. Disfruta del don que te he dado como muestra de mi amor por ti, y conviértelo en bálsamo para bendecir y no en látigo para zaherir. Que tu mensaje sea caricia que construya y no golpe que destruya.

Te di ese don porque te amo. Úsalo para mostrar mi amor. Que tus palabras dibujen la ruta que acerque a otros a mi corazón.

Julio sentía una amalgama de emociones impregnando el paladar de su alma, pero cada vez iba tomando más consistencia la sensación de que el proceso que estaba viviendo ese extraño verano tenía un matiz más allá de lo natural. El mundo espiritual, con su inmensa y desconocida riqueza, estaba claramente implicado en todo ello.

No pudo, ni tampoco quiso, reprimir el impulso de arrodillarse sobre la suave arena. Aun estaba fría al contacto de sus rodillas. Su corazón, sin embargo, percibió una cálida sensación mientras articulaba unas palabras de gratitud. Sí, era pura gratitud, exenta de preguntas y también de condiciones.

Solo gratitud.

50. Decisión en la zona oscura

¡Pero el Señor es fiel! Él os hará fuertes y os librará del maligno.
2 Tesalonicenses 3:3, BLP

—Ya está bien! —rugió Origon—. ¡Nuestro paciente comienza a manifestar demasiados síntomas negativos! ¡Si lo perdemos, nuestro Padre Eterno nos va a exiliar!

—¿Matamos de una vez a la vieja? —Geseno se frotó las manos.

—Ya quisiera poder hacer eso, pero no tenemos poder sobre su vida —lamentó Origon—. Solo podemos empujarles a que se maten entre ellos o a que terminen con su propia vida, pero arrebatársela nos está vetado.

—¡Pues vaya incordio, vaya lata y vaya tostón! —renegó Geseno—. ¿Entonces qué podemos hacer?

—Podemos tocar su salud, pero no su vida, eso es atribución exclusiva de nuestro Enemigo.

—¡Pues toquemos un poco más su salud! —palmeó Geseno—, ¡que se entere bien de quienes somos!

—¡Eso sí podemos! —un rictus malvado deformó aun más la ya deforme cara de aquel demonio—. ¡Aceleremos el plan...!

51. Castillo traganiños

Es más fácil construir niños fuertes que reparar adultos rotos.
F. Douglas

Cuando Julio llegó del paseo por la playa encontró la mesa del desayuno preparada y a los tres pequeños devorando pan tostado, pero nada más verlo saltaron de sus sillas y corrieron hacia él para abrazarlo.

—¡Hola, abu! ¡Te quiero hasta la luna ida y vuelta! —gritó Ethan.

—Y yo hasta las estrellitas —dijo Emma—, ¡y hasta el planeta que está más lejos de todos los planetas!

—*"yo ata etellitas"* —repitió Oliver.

Abrazó a los tres pequeños y sintió que el amor fluía a borbotones, inundaba su torrente sanguíneo y brotaba por cada poro de su piel.

Sintió que amaba... Se sintió amado.

Emocionado subió hasta su habitación y en el cajón de su mesita de noche guardó el papel que había encontrado en la arena de la playa, uniéndolo así a todos los que ya había guardado allí. Sentado sobre el colchón observó el cajón abierto. Los documentos que allí se acumulaban componían una preciosa declaración de amor de Dios, un epistolario del cielo en el que el Altísimo iba manifestándole un amor inefable, extravagante, incomprensible, pero maravilloso.

Entonces percibió los brazos de Sara que lo envolvían desde atrás. Cerró los ojos y habría pedido estar así una eternidad. ¡Cuánto amaba a esa mujer! La admiraba. Ella era capaz de sacar un poema de la sinfonía más patética.

Abrazados salieron a la terraza y Julio miró el cielo, el mar, las flores del jardín próximo. Todo eso era bueno, incluso importante, pero incrementó el abrazo a Sara. Eso era lo que de verdad importaba.

Desde el balcón se alcanzaba a ver la mesa del patio, y el jarrón con las flores.

¡Estaban más vivas que el primer día!

¿Cómo era posible que se mantuvieran tan lozanas?

Aquella tarde la pandilla parecía notar que el verano sería corto, y no estaban dispuestos a dejarlo marchar sin rebañar cada oportunidad de estirar el día y poner a prueba la paciencia de los abuelos.

Un ritual inexcusable de las noches de verano era el paseo.

—Me gustaría encontrarme con la persona que estableció la norma de salir a pasear las noches de verano —replicó Julio—. Estoy convencido de que no era alguien que fuese por la mañana a la playa cargando sombrilla, toallas y una enorme bolsa llena de cubos de playa, palas, rastrillos y moldes con formas de animalitos, y, sobre todo, no era un tipo que tuviera todo el día bajo su cuidado a la pandilla. Porque de haber tenido esas responsabilidades, lo que habría fijado es que en cuanto el día comenzase a entornar sus párpados era obligatorio tirarse en la cama, lanzar una pierna al norte, otra al sur y dormir.

Pero no, lo exigido era que al anochecer las familias salieran a pasear.

Para aumentar la tensión, algunos malintencionados sembraban los paseos marítimos con cochecitos que atraían a los niños con sus luces parpadeantes, caballitos mecánicos que galopan y... ¡el último invento!, ¡castillos hinchables que engullen a los pequeños para que allí adentro trepen, salten y convulsionen!; luego, transcurridos diez minutos, los devuelven a los padres, totalmente desquiciados y con la adrenalina a tope.

Bueno, pues la pequeña manada caminaba por el paseo marítimo cuando apareció frente a ellos "El castillo traganiños". Ethan y Oliver saltaron de los brazos de sus abuelos como quien hace puentismo sin arnés. Así son ellos; no les importa arriesgar su vida si es por una buena causa y ese castillo lo era. Corrieron hacia el ingenio hinchable y comenzaron a descalzarse, sin consultar si el presupuesto de la entrada a ese lugar estaba al alcance de la economía de sus abus. Ya vas conociendo a la pandilla, no reparan en gastos siempre y cuando sean ellos los que van a disfrutar de la inversión...

Pero la fiesta estaba a punto de convertirse en drama: Emma accedió al castillo inflable sin problemas y corrió al interior brincando sobre el suelo elástico como un canguro. Ethan requirió de ayuda, pero logró ascender y tras el primer salto se estrelló. A partir de ahí gateó a cuatro patas como un corderito desvalido... Le llegó el turno a Oliver y aquí empezó el problema: el pequeño gladiador apoyó ambas manos en la superficie de goma... Levantó su piernita derecha todo lo que pudo, intentando escalar la infranqueable entrada... Nos íbamos a acercar para ayudarlo cuando hizo su aparición un hombre con la estatura de un gigante y la sensibilidad de un ladrillo.

—Pequeñajo —espetó—, ¡tú no puedes entrar!

El pequeño gladiador tiene poca altura, pero la dignidad muy desarrollada. Así que replicó cargado de razón:

—Fa, fan, fag, fafa, fang

Así de clarito le habló, y por si era poco, remató diciendo:

—fafafa, fang.

Terminado el discurso volvió a levantar la piernita, en este caso la izquierda, en un sacrificado intento de escalar para irse con sus primos.

—¡Es demasiado pequeño para acceder a la atracción —nos lo dijo ahora a nosotros—, podría hacerse daño!

El guardián del castillo, intimidado por los argumentos del pequeño gladiador, nos había hablado ahora a nosotros, pero el pequeño lo escuchó y a partir de ese momento la furia contenida decidió salir. Abrió su boca, expandió sus pulmones y rompió a llorar con un sentimiento tal que a cuantos estábamos cerca se nos humedecieron los ojos y nos pitaron los oídos. Incluso la mirada del guardián pareció ablandarse.

De nada sirvió que prometiéramos a Oliver diversiones tan fabulosas que a su lado aquel castillo parecía miseria. Lo que sus primos disfrutaban era el castillo, y el pequeño gladiador siente debilidad por todo aquello que tienen sus primos.

Hizo falta intervención humana y un poco de ayuda celestial para que Oliver dejara de llorar y se apostase en un lateral de la fortaleza hinchable mirando a sus primos a través de una apertura que simulaba una ventana del castillo. Sus primos se pusieron frente al ventanuco, no sé si por solidaridad con Oliver o para hincar más aún el afilado estilete de la envidia. Sin dejar de mirarlo saltaban hasta descoyuntarse y reían hasta desgañitarse. Me pareció admirable la dignidad con la que Oliver los miraba, conteniendo sus emociones y sin inmutarse.

He descubierto algo que me asusta: bajo el cabello rubio del pequeño gladiador ya se cocinan ideas y se fraguan planes. Sí, es una cabecita que apenas tiene dieciocho meses de desarrollo, pero las maquinaciones revelan una asombrosa madurez:

¿qué pensaba el gladiador mientras observaba a sus primos saltar y convulsionar como epilépticos en crisis?

Lo comprobamos al entrar a casa.

Apenas hubimos cruzado el umbral de la puerta, corrió al dormitorio, escaló a la cama y convirtió el colchón en su particular castillo hinchable sobre el que comenzó a brincar, desahogando toda la furia contenida. Cuando Emma y Ethan vieron aquello, corrieron junto a su primo y dejaron los muelles del colchón convertidos en harina.

Te preguntarás si Sara y Julio les hicieron bajar de la cama, o les impidieron saltar sobre el colchón... Ignoro qué hizo Sara, pero Julio voló directo a su dormitorio, se dejó caer sobre su lecho y lanzó una pierna al norte y otra al sur.

Los paseos nocturnos lo dejaban agotado.

Con sus ojos cerrados alzó una oración de gratitud, y sonrió al recordar que era la primera vez en varias noches que cerraba el día orando agradecido por una jornada bendecida. Volvió a sonreír justo antes de quedar dormido.

52. El infierno se estremece

El diablo no tiene miedo de sentarse en un altar,
ni siquiera de oficiar en él, pero si Dios ocupa ese lugar santo,
el diablo huye y se estremece.
J. L. Navajo

La sombra que de común predominaba allí abajo se convirtió en tinieblas y un estremecedor frío recorrió los estrechos pasadizos y los oscuros callejones.

A medida que la luz se incrementaba en el corazón de Julio, las sombras se acentuaban allí abajo.

Geseno y Origon no hablaban entre sí, tan solo murmuraban entre dientes groseras maldiciones. No iban a abandonar su presa tan fácilmente, su jefe no lo perdonaría. Su padre eterno era como un marido celoso; si un paciente no era para él no sería para nadie.

Como confirmando sus siniestros pensamientos una puerta se abrió y una densa humareda precedió al ser que de allí salía. Se trataba de una mezcla de majestad y mezquindad que inspiraba un horror indescriptible.

—Tenéis una misión que cumplir —tronó aquella voz, y las palabras surgían envueltas en fuego y ceniza—, ¡ay de vosotros si falláis! Usad los recursos necesarios, todo el infierno está a disposición de ese cometido. ¡No seáis mezquinos en usar recursos para derribar a vuestro hombre!

—Pero... —la débil réplica brotó de la boca de Origon con tono estremecido.

—No te he dado permiso para hablar —de las blancas pupilas de aquel ser brotó un verdadero incendio—. Tu capacidad no es de elección, sino de obediencia. ¡Engáñalo! ¡Somos expertos en eso! Donde Dios levantó iglesias nosotros hemos construido capillas. ¡Usamos las Sagradas Escrituras, ese maldito libro, mejor que muchos siervos del Enemigo! —el diablo ignoraba a Geseno, pues no hablaba con subalternos. Origon era el foco de su indignación—. Engáñalo... ¡Pero destrúyelo o serás destruido!

53. La última carta

Somos el milagro de los milagros,
el gran inescrutable misterio de Dios.
Thomas Carlyle

Esa mañana Julio durmió hasta que el sol estaba bien alto. Fue la luz que se filtraba por la persiana lo que le despertó, y se asombró al ver que los dígitos rojos del reloj que había sobre la mesita de noche indicaban que eran las diez y treinta de la mañana.

—¡Es tardísimo! —exclamó asombrado.

—Me alegro que hoy hayas dormido tanto —sonrió Sara—, eso es muy buena señal.

Los niños aun dormían. Ella salió al patio, mientras Julio entraba a la cocina y preparaba la cafetera.

—¡Ven, cariño! —lo llamó desde afuera—. ¡Mira! —señalaba al jarrón de flores—. ¿Te das cuenta de que hay más flores que ayer?

—¿Y has visto —indicó él— que hay un sobre entre los tallos?

—Tal vez por fin se devele el misterio de estas flores —aventuró Sara cogiendo el sobre.

El sonido del café que hervía los distrajo y Julio fue a retirarlo del fuego. Cuando regresó se sentaron juntos a leer la nota que había en el ramillete. La caligrafía era idéntica a la de la nota que Oliver le había entregado en la playa, lo mismo que la tinta roja con que había sido escrita.

Ambos, en silencio, lo leyeron a la vez:

> *Llega el momento de develarte la joya de la corona. La gema más brillante de tu cofre, el tesoro de mayor valor que te convierte en una persona extraordinariamente rica. Anótalo y recuérdalo, es este: Eres amado y tienes la capacidad de amar.*
>
> *Nada iguala a esa joya.*
>
> *En definitiva, tú eres el detalle de amor más grande que conoce la historia. Eres la carta escrita de mi puño y letra mediante la que expreso mi confianza en el ser humano.*
>
> *No eres uno entre un millón, eres uno entre los casi siete mil millones de personas que pueblan el planeta tierra.*
>
> *Solo tú puedes ser tú. Una obra de arte única, irrepetible, con valores y talentos exclusivos.*
>
> *Nunca, hasta el final de los tiempos existirá otro ser humano igual a ti. No has demostrado que conoces o aprecias tu singularidad, y, sin embargo, eres el ser más raro y singular en todo el mundo.*

En un momento de amor tu padre depositó en el cervix de tu madre quinientos millones de espermatozoides. En una feroz competencia, tras una lucha sin cuartel y salvando multitud de obstáculos, solo uno de ellos logró alcanzar el único óvulo que ese mes produjo tu madre, una célula infinitesimal que se movía en una densa oscuridad, pero ese espermatozoide la encontró y la fecundó.

Ese héroe eres tú, ¿y vas a sentirte perdedor?

54. El faro

Ningún faro se mueve inquieto buscando un barco que se deje salvar, simplemente permanece en el lugar que se le asignó, solo preocupado de nunca dejar de brillar.
J. L. Navajo

Julio fue con los niños a la playa, pero Sara prefirió quedarse a descansar. Aunque apenas había dormido la noche pasada, no quiso decírselo para no preocuparlo, pero se notaba muy cansada.

Él, motivado por los últimos mensajes y acontecimientos, se sentía tan optimista que pasó la mañana retozando con los niños en la arena y ayudándoles a construir un magnífico castillo. Lograron una obra maestra, grande y con unas terminaciones dignas de concurso.

—Poneos junto al castillo —pidió a los niños—. Quiero tomaros unas fotografías para enseñárselas a aba.

—¡Sí! —la idea le encantó a Emma que empezaba a mostrarse coqueta.

Los dos más pequeños se sentaron en la arena a regañadientes, pues no les apetecía para nada posar, y Julio comenzó a tomar instantáneas. Cuando iba por siete, Ethan empezó a notar que el sol le calentaba demasiado la cabeza y no paraba ni un instante, Oliver directamente se levantó y caminó hacia el mar.

—*"O'er agua"* —dijo.

—Dice que Oliver quiere ir al agua —aclaró la bella amazona un poquito molesta porque le encantaba hacer de modelo y estaban estropeando su sesión.

—Y yo también voy al agua —se sumó Ethan.

Optaron por ir todos a bañarse, y estuvieron un buen rato jugando a salpicarse hasta que, agotados de tanto movimiento se sentaron en la orilla, donde el agua apenas cubría los pies.

—Abu —dijo Emma señalando a la imponente torre del mar que se avistaba en el extremo de la playa—. ¿Por qué no vamos hoy a ver el faro?

—Sí, abu, por favor, ¡vamos al faro! —Ethan aplaudió la propuesta de su hermana.

—Queda lejos —opinó Julio.

—"¡*Amos aro*!" —decidió Oliver

—¿Ves? —replicó Emma—. ¡Él también quiere ir!

—¡Por favor, por favor, por favor! —insistían los tres.

—Está bien —admitió Julio finalmente—, pero vamos deprisa, no debemos llegar tarde para comer.

Cuando llegaron a la puerta del faro, un anciano estaba allí, como custodiando la entrada. Sentado bajo la sombra de una frondosa parra, leía plácidamente. Julio supuso que era el farero y le expresó el deseo que tenían de visitar el interior de la torre.

— Bueno —les dijo un tanto dubitativo, quitándose la gorra de marinero y mesándose el mentón que llevaba cubierto por una barba no demasiado cuidada—, no es habitual permitir la entrada de visitas, pero algo me dice que debo dejarles subir —y con una gran sonrisa añadió—: Es más, voy a acompañarles para que puedan conocer algunos secretos de la vieja torre del mar. Tiene muchos años, pero esta condenada atalaya parece hecha de hierro en vez de piedra.

Apenas hubieron cruzado la puerta de entrada, el farero, que se identificó como Mateo, comenzó a explicarles:

—Este faro es de los más antiguos del mundo. Fue edificado en el siglo III después de Cristo y como habréis podido ver no es de forma circular, sino cuadrada, lo que indica su origen romano.

—Ya no funciona, ¿verdad? —comentó Julio.

—Hace muchos años que dejó de lucir, pero como lo han declarado Bien de Interés Cultural y Patrimonio de la Humanidad, me pusieron para cuidarlo hasta que se decida convertir en museo y se regule su visita.

—Está un poco oscuro —dijo Emma cuando comenzaron a subir las empinadas escaleras que no tenían luz y tan solo se iluminaban por la claridad exterior que entraba por las estrechas ventanas.

—Me da un poco de miedo —comentó Ethan, arrimándose mucho a Julio.

—*"O'er tuto"* —Oliver expresó también el susto que le daba, aunque iba en brazos de Julio.

—La altura del faro es de cincuenta y cinco metros —advirtió Mateo—. Aunque subir la escalera cuesta lo suyo, os aseguro que luego vale la pena.

Cuando salieron a la terraza que abarcaba todo el perímetro del faro, la imponente vista le emocionó: la insondable extensión del mar, el color turquesa del agua, la brisa suave y húmeda que los despeinaba.

Una gaviota se deslizaba dulcemente en el aire. Evolucionó en el cielo para pasar muy cerca de ellos, tanto que Julio pudo apreciar el brillo cristalino de la pupila del ave. Cuando la mirada del ave se encontró con la de Julio liberó un leve graznido que a él se le antojó un mensaje: *si Dios cuida de las aves* —recordó— *cómo no cuidará también de ti.*[13]

13. Ver Mateo 6:26.

Se incrementó la caricia del viento y se asemejó al roce de los dedos de Dios. Los suaves rayos de sol le hablaban del cálido abrazo del Señor, unas gotas de mar mecidas por el viento refrescaron su rostro.

Descendió las escaleras renovado. Sintiendo paz en el enorme sentido de la palabra.

Tal vez no lo habría disfrutado igual si hubiera sabido que esa era la porción de vitaminas que el cielo le inoculaba para que soportase lo que venía.

55. Nadie sabe lo que pesa el saco, salvo quien lo carga

Frente al viento tempestuoso unos corren a guarecerse, pero otros construyen molinos.

J. L. Navajo

—Gracias por su amabilidad, Mateo —dijo Julio al despedirse—. No se imagina lo importante que esta visita ha sido para nosotros.

—¡Déjame ver las fotos, abu! —pidió Emma cuando regresaban.

—¡Yo también quiero verlas! —dijo Ethan—. ¿He salido guapo?

—¿*O'er apo?* —quiso saber también Oliver.

—¡Seguro que sí! —abrazó Emma a su primo—. ¡Seguro que Oliver ha salido guapo!

Julio se sentó junto a ellos y fue pasando las imágenes en la pantalla del teléfono.

—¡Mira, abu —dijo Emma—, es la niña con la que te tropezaste el otro día! ¡Está en todas las fotos!

Observó Julio y pudo ver que la criatura de los tirabuzones dorados aparecía en el fondo de cada una de las fotografías. Estaba en la parte posterior, observando a los niños con un gesto en el que predominaban amargura y desafío. Se incorporó Julio, sintiendo un escalofrío, y sin que los niños lo vieran, borró todas las fotografías.

—Vámonos —dijo—, seguro que aba ya está preparando la comida.

Ya en el recinto los niños se quedaron en el parque mientras él entraba a casa para ver si Sara precisaba alguna ayuda.

Lo primero que atrajo su atención cuando entró al patio fueron las flores del jarrón; estaban inclinadas y marchitas. Muchos de los pétalos se habían desprendido y, totalmente descoloridos, semejaban a crespones negros sobre la mesa.

Un oscuro presentimiento estremeció su estómago. También notó frío, como si una gruesa nube hubiera oscurecido el sol y una ráfaga de viento helado raspase su alma.

Lo segundo que llamó su atención fue el silencio. Ni el más leve sonido, ni el graznido roto de las gaviotas, que de común llenaba el ambiente. Todo era mutismo. Le extrañó sobre todo no escuchar a Sara, que siempre cantaba mientras cocinaba. El silencio le resultó atronador y el oscuro presentimiento se convirtió en negro presagio.

De manera instintiva afloraron en su mente las palabras de Benedetti: "Entonces sentí una tremenda opresión en el pecho, una opresión en la que no parecía estar afectado ningún órgano físico, pero que era algo asfixiante, insoportable. Ahí, en el pecho, cerca de la garganta, ahí debe estar el alma, hecha un ovillo".

Sintiendo que se le hacía difícil respirar, corrió al interior de la casa.

Ya en el dintel de la puerta se detuvo en seco. Mil veces dio gracias al cielo de que los niños se hubieran quedado afuera, jugando en los columpios. No había aroma de comida en el salón; Sara no tuvo tiempo de empezar a cocinar. La encontró tendida en el suelo, boca abajo y en una grotesca postura, su cabeza orientada a la derecha y los brazos asomando por el lado izquierdo de su cuerpo. Al ver el rostro de Sara sintió que el terror mordía sus tripas. Su rostro estaba blanco, y los labios, entreabiertos, lucían un color violáceo y dejaban escapar un hilo de saliva blanquecina. Tenía los párpados entornados por lo que la parte blanca del ojo, lo que se conoce como esclerótica, quedaba a la vista, pero surcada por mil hilitos de rojo intenso.

Terror, eso fue lo que sintió cuando tocó la frente de su amada y le dio la impresión de estar posando su mano sobre un pedazo de hielo. Las lágrimas brotaron de los ojos de Julio sin previo aviso. Quiso gritar, pero su voz estaba congelada; le dolía la garganta al intentar llamar a Sara. Tomó su teléfono y erró cuatro veces antes de lograr marcar el número de emergencias y, de forma atropellada, suplicar ayuda y dar la dirección.

Sin apenas ver, por la cortina de humedad que lo cegaba, consiguió acomodar a Sara sobre el sillón y buscó signos de vida. Cerró sus ojos y suspiró de gratitud cuando localizó pulsaciones en el cuello y luego en la parte posterior de su muñeca.

Muy tenue; casi imperceptible, pero había latido.

—¡Gracias, Dios mío! —exclamó entre sollozos.

Acomodó la cabeza de Sara sobre almohadones y la arropó.

Solo entonces permitió que los niños pasasen al salón y lo que vieron fue a su abuelita que parecía descansar plácidamente.

Los servicios médicos de urgencia llegaron rápidamente y trasladaron a Sara al hospital más próximo, pero en cuanto conocieron su historial la derivaron a su médico habitual, sorprendidos, y un poco enfadados de que Sara no estuviera ya recibiendo los tratamientos contundentes que su condición de salud requería.

Ella viajó a Madrid en una ambulancia medicalizada y Julio lo hizo en el coche con los tres pequeños.

Los niños, conscientes de la situación, demostraron una madurez extraordinaria durante el viaje. Ni una vez preguntaron, "¿cuánto queda?". Ni una sola vez se quejaron del largo viaje. Ethan repitió diez veces "abu, te quiero mil muchísimo". Emma, a cada rato extendía su brazo y acariciaba el hombro de Julio. Oliver, nervioso, hurgaba con frenesí en su naricita y sonreía cuando observaba que Julio lo miraba por el espejo retrovisor.

El doctor Sánchez, habiendo sido informado de los acontecimientos, estaba esperándolos en el hospital. Los recibió con su habitual empatía y mucho calor humano. Tras darles unas palabras de ánimo pasó con Sara, que iba algo sedada.

Julio citó a sus hijas y yernos en el hospital. Estos se llevaron a los niños a casa para que descansasen y para preservarles del ambiente hostil del centro hospitalario, y ellas se quedaron con su padre. Allí llegó el momento de darles explicaciones detalladas. Ambas quedaron aturdidas por las noticias, lo abrazaron y lloraron desconsoladamente. Luego se sentaron, una a cada lado de Julio, para esperar noticias de Sara.

En el largo tiempo de espera pudo relatarles los sorprendentes acontecimientos de la playa. Ellas lo escuchaban, sintiéndose conmovidas a la vez que confortadas.

—¡Es sorprendente, papá! —exclamó Querit sin dejar de llorar—. ¡Es como si Dios os abrazase para que, a pesar de lo que toque vivir, no olvidéis cuánto os ama!

—Sí —exclamó Miriam—. El cielo os iba preparando para las cosas que vendrían.

—No puedo deciros que he superado mi particular crisis de fe —confesó Julio—, pero os aseguro que lo que he vivido en estos días no tiene una explicación natural y supera con creces a cualquier manifestación del amor de Dios que hubiese podido imaginar.

Varias horas después el doctor Sánchez asomó a través de las puertas abatibles del área de urgencias.

—Luz entre tinieblas —formuló, fiel a su costumbre de usar enunciados dignos de Hollywood—. Hemos logrado estabilizar a Sara y ya descansa en una habitación. La noche será testigo —cerró su discurso en tono de thriller.

—¿Podemos pasar a verla? —dijeron los tres al unísono.

—Por supuesto que sí, pero solo unos minutos —recomendó el doctor con una sonrisa—. Necesita reposar.

La encontraron tranquila, aunque con signos de agotamiento. Hablaba con fatiga, como si la formulación de las frases requiriese el mismo esfuerzo que escalar la empinada ladera de un monte.

—Mi vida es una larga serie de oraciones respondidas —casi lo susurró cuando Julio y sus dos hijas rodeaban la cama—. Si Él quiere responder la que ahora levantamos —y aclaró—: si Él quiere prolongar mi vida, aceptaré encantada esa prórroga. Pero si determina que ha llegado mi hora, no lo cuestionaré. Él es el verdadero sabio.

—Pero eres tan joven —Miriam abrazó a su madre sin apenas verla a causa de las lágrimas—, te queda tanto por vivir, tanto por hacer...

—La vida no se mide, la vida se pesa —casi lo susurra—. No recordamos cuántos años vivió la vid, sino cuántos racimos meció en sus pámpanos. Hay vidas breves, pero muy llenas, lo mismo que hay largas vidas totalmente vacías. Seamos ricos o pobres, jóvenes, adultos o ancianos, todos somos vagabundos que viajamos en busca del hogar...

—Te necesitamos, mamá —era Querit quien ahora la arropaba con sus brazos y enterró la cabeza en el hombro de su madre—. Tienes mucho que darnos; tienes mucho que dar al mundo. No puedo imaginar que todo termine aquí, tu vida es demasiado valiosa para ser tan breve —unió su rostro al de su madre, y las lágrimas de ambas se mezclaron.

—No se trata de cuántos pasos he dado, ni de qué zapatos he usado. Se trata de qué huellas he dejado —la voz de Sara sonaba débil, dulce, pero cargada de determinación—. La vida no debería medirse, sino pesarse. He sido feliz... He reído mas de lo que muchos reirían en mil vidas, y sobre todo, creo que he dejado huella en los corazones de esos pequeñitos —inspiró profundamente, como si hubiese agotado toda su reserva de aire—. ¡Si vierais lo bien que se lo han pasado en la playa! ¡Qué lástima que hayamos tenido que regresar tan pronto!

Miró entonces a Julio, quien observaba la escena con gesto conmovido.

—Dios sigue en el control de nuestras vidas —le dijo—. Nos ama demasiado como para permitir que derramemos una lágrima más de las estrictamente necesarias...

– Y ninguna será inútil —con voz quebrada por la emoción cerró él la frase—, todas tendrán un sentido.

56. Regocijo en la zona oscura

Satanás los ha reclamado a uatedes para zarandearlos como a trigo; pero Yo he rogado por ti para que tu fe no falle.
Lucas 22:31-32, NBLA

—¡Ahora sí! —Origon reía y palmeaba como loco—. El viejo recitó el antiguo mantra de la viejita, pero, ¿viste sus ojos? Ni fe ni nada parecido; solo lo hizo para complacerla. Ese hombre está hinchado de decepción y dolor. Me encanta que las cosas salgan bien.

—¿Crees que esto calmará al Jefe? —interrogó Geseno.

—Espero que sí, pero no debemos confiarnos. Es el momento de aplicar el golpe de gracia —las palabras brotaban de boca de Origon como el siseo de una serpiente—. El árbol más imponente es derribado por un hacha insistente. ¡Estoy hecho un poeta! —rió con histerismo al constatar que había compuesto una rima.

—¿Oye, cuál es el golpe de gracia? —quiso saber Geseno.

—Nuestro padre eterno se ocupará de ello —replicó Origon con cierto fastidio—. Ya sabes, los peones hacemos todo el trabajo y luego los jefes se llevan el mérito. Pero lo importante es que el trabajo quede bien hecho, aunque las altas jerarquías se coloquen luego las medallas.

—¿Viste la cara del abuelo cuando descubrió a la viejita en el suelo? —reía Geseno con maldad.

—¡Y las de esos mocosos cuando viajaban de regreso a casa! Esas caritas de pena sí que me gustaron —el desalmado Origon se revolcaba por el suelo por el ataque de risa—. ¡Y ahora llega lo mejor! Para nosotros, por supuesto... ¡Para ellos será lo peor! ¿Cómo decía mi poema? —se rascó la cabeza y sus sucias uñas descamaron aquel horrible cráneo, mientras repetía—: El árbol más imponente es derribado por un hacha insistente.—golpeaba el suelo con los puños, sin dejar de reír.

—¡Pues allá vamos! —secundó Geseno también con su risa—. ¡Que se prepare el árbol!

57. Cambiando de ribera

Nunca diré "no llores",
porque no todas las lágrimas son malas.
J. R. R. Tolkien

Tres semanas habían pasado desde que Sara fue hospitalizada y esa mañana Sánchez había citado a Julio en su consulta.

Apenas hubo tomado asiento, miró al doctor con fijeza.

—Doctor Sánchez, dígame con libertad y sin rodeos lo que deba decirme —el rostro de Julio mostraba huellas evidentes de agotamiento, y unas abultadas y oscuras ojeras dejaban ver lo poco que había dormido últimamente—. He pasado los últimos veinte días junto a mi esposa, sin separarme de su cama. Por eso no ignoro el estado en el que se encuentra, así que estoy preparado para lo que tenga que decirme.

Sánchez, acodado en la mesa, entrecruzó los dedos y apoyando la barbilla en ambos pulgares le enfocó con una gigantesca dosis de compasión en la mirada.

Julio no precisaba escuchar nada. Supo, sin género de dudas, que las noticias no podían ser buenas, pues esos ojos que le miraban y chorreaban empatía eran un gesto idéntico al que Sánchez tenía el día en que les hizo el aciago comunicado sobre el mal que aquejaba a Sara.

—Hemos aplicado todos los cuidados y tratamientos existentes y no hay regresión del mal. Lejos de mitigarse, los síntomas se agravan. No hay nada que podamos hacer, salvo evitarle los dolores —concluyó el doctor—. Ya hemos iniciado los cuidados paliativos, pues queremos que esté confortable, pero debo serle honesto, Julio, fin de la esperanza, crónica de una muerte anunciada.

Asignaron a Sara una habitación individual. Algo poco frecuente en un hospital público, un bonito detalle de carácter humanitario, pero que acentuaba la certidumbre de que la despedida estaba próxima.

En la sinrazón lógica de los momentos de máximo dolor a Julio le dio por recitar la frase de Baltasar Gracián: "*La muerte, para los jóvenes es naufragio y para los viejos es llegar a puerto*". "Ella es joven, se repetía una y otra vez, demasiado joven para naufragar de esta manera."

Amaneció el vigésimo segundo día de hospitalización de Sara, quien dormitaba por efecto de los sedantes. Julio, sentado en el sillón de escay, leía la Biblia buscando consuelo y fuerzas, y como tantas otras veces en el pasado lo encontró al meditar en las palabras del profeta Isaías: *No tengas miedo, porque yo estoy contigo; no te desalientes, porque yo soy tu Dios. Te daré fuerzas y te ayudaré; te sostendré con mi mano derecha victoriosa.*[14]

14. Isaías 42:1, NTV

Leyó el texto varias veces. Luego, echando mano del bolígrafo que había sobre la mesa metálica, junto a la cabecera de la cama, subrayó aquellas palabras y volvió a leerlas. Recostando su cabeza en el respaldo del sillón cerró los ojos e inspiró profundamente, dejando que la promesa que había memorizado se posase en su alma.

Solo se escuchaba el sonido del monitor cardiaco que registraba las constantes vitales. La cadencia era lenta, pero constante; tan regular que parecía un metrónomo.

El brusco sonido de la puerta al abrirse le pareció casi como una explosión que lo sobresaltó.

Una enfermera entró y murmuró algo que pretendió ser un saludo mientras se dirigía al gotero por el que se inoculaban suero y antibiótico al cuerpo de Sara. Hizo unas comprobaciones y lo manipuló durante unos segundos. Luego salió, no sin antes dirigirle una silenciosa sonrisa. Un estremecimiento recorrió el interior de Julio...

La enfermera llevaba el pelo tapado por un tocado, pero algunos cabellos asomaban por delante.

Eran muy rubios.

Julio pudo ver el iris de aquellos ojos, azules como el cielo de verano de Madrid, pero lo que de verdad le perturbó fue la mueca que torció el gesto de aquella mujer cuando le dedicó la sonrisa. Un frío helador recorrió su espalda cuando la enfermera lo miró con ese rictus en el rostro. *"No te fíes nunca de alguien que se pone feo al sonreír"*. Esas palabras que un día, muy lejano en el tiempo, le dijera su padre, resonaron en su mente.

Intentando mitigar la preocupación orientó la mirada hacia la Biblia e hizo un gran esfuerzo para concentrarse en la lectura. Fue entonces cuando el medidor del ritmo cardiaco pareció enloquecer. Julio miró a aquel monitor antiguo de pantalla de fósforo. El dibujo del electrocardiograma mostraba unos altibajos alarmantes.

TERCERA PARTE

58. La gran confrontación

EN LA ZONA OSCURA

—Este negocio ya está liquidado —rió Geseno, agitándose de la manera horrenda y descoordinada con la que acostumbraba a danzar.

—¿Quieres estarte quieto? —le pidió su compañero—. Te sacudes como un epiléptico en crisis.

—¡Bailo porque estoy contento! —dijo sin dejar de zarandearse—. El jefe ha hecho de las suyas en la vía que inyecta suero a la abuela y esto ya está finiquitado.

—Por una vez tengo que darte la razón —admitió Origon—, el negocio está resuelto y con un poco de suerte de esta me gano un ascenso... Es posible que me nombre comandante de una legión.

ZONA DE LUZ

—Le queda mucho por hacer —repuso el ser de luz veterano—. No es tiempo de morir.

—Debemos impedirlo —replicó Ariel—. Esa mujer debe ser inmortal hasta que el plan del Todopoderoso se cumpla en su vida.

—Pero la energía de las tinieblas es muy densa en torno a ella —repuso Miguel—. Parece imposible competir, pero haremos lo posible...

—Hay una enorme diferencia entre "haz lo posible" y "hazlo posible" —replicó Ariel—, la primera depende de mí, la segunda depende de Dios y Él TODO lo puede.

Dicho esto se activó y una refulgencia cegadora emanó de su cuerpo mientras decía:

—*Por más densas que sean las tinieblas, no resistirán a la luz del amor.*

De un rincón de la bóveda celeste llegó un sonido magnífico. Era similar al de un millón de trompetas que tocaban alistando a la batalla. La refulgencia de aquel lugar se multiplicó y el relumbrar de mil espadas era cegador.

Fue en ese instante que se escuchó un espantoso crujido, como si el abismo se abriese, y una densa humareda ascendió oscureciendo la luz del sol. Los seres angelicales retrocedieron ante el embate de un poder oscuro.

No eran ya dos los demonios que intervenían; flanqueando a Origon y Geseno subían del abismo miles, tal vez millones de seres oscuros, de apariencia horrible, que exudaban odio y violencia.

Por momentos se extinguió su resplandor y las tinieblas más densas que jamás nadie haya visto se adueñaron del ambiente.

TERROR EN EL HOSPITAL

Todo ocurrió en segundos. Julio levantó la vista del libro al escuchar el ritmo irregular del monitor cardiaco y pudo oír el rumor que emitió Sara. No parecía una respiración, más bien sonó como una gárgara que brotó de la parte más interna de su garganta. Se inclinó hacia ella preocupado; el gesto de Sara era sereno, apacible, pero ahora de su boca surgió algo parecido a un jadeo, una expiración, un estertor...

Tomó su mano y la acarició suavemente, pero al notarla inerte se vio invadido por el pánico. Introdujo la mano tras su nuca, incorporándola un poco para facilitarle la respiración.

—¡Sara! —casi lo gritó—. Abre los ojos, mírame, por favor.

El gesto de ella rezumaba serenidad y una radiante paz, pero nada de vida...

Muy cerca de la cabeza de Sara estaba el interfono para llamar a los asistentes, pero el terror no lo dejó razonar, así que Julio saltó de la silla y corrió por el pasillo buscando el control de enfermería; iba como loco, tropezando con todo y gritando por ayuda. El pánico lo cegó de tal modo que ni vio ni escuchó a sus hijas, con quienes se cruzó en el pasillo y que, asustadas, fueron tras él. Ni ellas, contagiadas del pánico, se percataron de que los tres pequeños tomaban el camino contrario.

Los niños llegaron frente al cuarto donde estaba Sara. Hallaron la puerta abierta y entraron en silencio.

Ninguno de ellos habló; fue como un pacto de silencio, como si estuvieran desarrollando un ensayado ritual en el que cada uno supiera lo que tenía que hacer. Emma puso su mano sobre la mano derecha de la abuela; Ethan, con gesto solemne, se dirigió hacia el otro lado de la cama y depositó su diestra sobre la otra mano de Sara. Solo Oliver, a los pies de la cama, parecía algo desconcertado. Con su manita extendida miró, buscando otra mano libre que arropar, y al no haber más optó por ponerla en su sitio favorito: su nariz, donde introdujo su dedo índice, hurgando en busca de tesoros. Eso sí, cerró sus ojos respetuosamente al ver que sus primos lo hacían.

Emma, sin abrir los ojos, comenzó a mover sus labios silenciosamente.

Hablaba, pero nadie podía escuchar lo que decía...

Al menos nadie de cuantos la rodeaban.

Pero en ese ámbito que está oculto a nuestra vista, esas palabras inaudibles iban formando algo similar a un muro de contención en torno a Sara, como si su abuelita quedase guarecida en una maravillosa urna de irrompible cristal formada por las plegarias de esos niños.

ESPADAS EN EL CIELO

Una humareda tan espesa que parecía sólida actuaba de suelo, separando el cielo de la tierra e impidiendo que la luz penetrase a la corteza terrestre, pero de pronto un rayo penetrante, poderoso, como un láser celestial, se hincó en el corazón mismo de esa oscuridad.

Ariel y Miguel, ostensiblemente aliviados, giraron la cabeza para distinguir el origen de aquel fulminante rayo de luz que hirió de muerte a las tinieblas que les impedían avanzar. Lo que vieron les conmovió: la Cruz estaba erguida y parecía arder. De ella provino ese láser celestial que había logrado fundir como cera las sólidas tinieblas.

A partir de ese momento se desató la gran confrontación. Las legiones de seres de la oscuridad no parecían ahora cómicos, ni extravagantes, sino crueles. Una ferocidad inusitada y definitivamente peligrosa podía verse en sus ojos. Se daban cuenta de que aquel litigio no era un juego, sino una cruenta batalla, por lo que concentraron toda su energía en derrotar a los seres de luz.

Ellos, por su parte, se movían más pausadamente, pero para nada parecían pusilánimes, sino que denotaban auténtica fuerza bajo perfecto control. Utilizaban economía en sus movimientos, pero cada uno de ellos parecía calculado para alzarse con la victoria. Cada maniobra estaba milimétricamente calculada para llegar a su destino, que era la victoria.

Se trataba de una cruenta confrontación entre las dos grandes superpotencias: el bien frente al mal; la luz frente a las tinieblas; un principado frente a un rey, y una de las dos superpotencias estaba a punto de reconocer la supremacía de la otra.

SILENCIO SAGRADO

El doctor Sánchez estaba de guardia en el hospital y acudió rápidamente a la urgencia médica, seguido por Julio y sus hijas. Todos se detuvieron en el dintel de la puerta. Primero el doctor, luego una enfermera y detrás de ellos, Julio con sus dos hijas.

—¡Por Dios, pasen de una vez! —apremió Julio desde el pasillo, que no entendía por qué se habían detenido y observaban—. ¡Mi mujer necesita ayuda!

Sánchez hizo una seña con la mano en dirección a Julio, pidiéndole que esperara. Luego, con un movimiento de su cabeza lo invitó a que se acercase.

—Creo que su mujer tiene la ayuda que necesita —se hizo a un lado para que Julio pudiese asomarse a la habitación.

Al mirar, vio a Emma y a Ethan y también a Oliver. La imagen de los tres niños con sus ojos cerrados y orando por la abuela se le antojó tan sagrada que no osó interrumpirla. Simplemente observó, conmovido hasta las lágrimas.

Le llamó la atención que en la cabecera hubiera dos médicos, uno a la derecha y otro a la izquierda de Sara; por lo visto se habían adelantado.

—¿Quiénes son ellos? —susurró la pregunta al doctor Sánchez.

—¿Ellos? — miró a Julio con extrañeza— son sus nietos, Julio, ¿no los distingue?

—Me refiero a los doctores que están junto a mi mujer.

El gesto de Sánchez fue ahora de perplejidad mezclada con grandes dosis de preocupación.

—No sé a qué se refiere, Julio —con su mano abierta señaló a la cama donde estaba Sara—. No hay nadie más. Son sus nietos que están junto a su mujer. ¿Se encuentra usted bien?

Julio no respondió y Sánchez comenzó a aproximarse a la cama. En ese momento, Emma abrió los ojos.

—¡Aba me ha apretado la mano! —exclamó la niña con sus ojitos anegados en lágrimas.

—¿Estás segura? —dudó el doctor.

—¡Y a mí! —gritó Ethan también con los ojitos encharcados—. ¡Aba me ha apretado la mano!

Oliver miraba la escena muy emocionado. Parpadeaba insistentemente y una lágrima, redonda y pequeñita, se deslizó por su mejilla derecha, pero no dijo nada, pues le resultaba difícil hablar con el dedo índice insertado en la naricita.

El médico se inclinó sobre la cama en el momento justo en que Sara parpadeó, como quien despierta de un largo y profundo sueño. Fue el rostro del doctor el primero que vio, pero enseguida giró la cabeza y se encontró con Ethan, a quien sonrió.

—¡Aba, qué dormilona eres! —la regañó con mucha dulzura—. ¡Vaya susto nos has dado!, pero te quiero mil muchísimo.

Emma intervino a continuación:

—¡Aba! ¡Qué bien que ya te has despertado! ¡Has dormido mucho rato! Yo te quiero hasta el infinito y más allá.

Oliver seguía parpadeando muy emocionado, pero no dijo nada, porque acababa de encontrar algo sustancioso en el fondo de su nariz. Le pareció egoísta reservarse un tesoro de ese tamaño y se acercó a la cabecera de su abuelita con el hallazgo en la puntita del dedo, decidido a regalárselo.

Julio asistía a la escena con perplejidad, emoción y desconcierto. Volvió a mirar a los dos médicos que, en la cabecera de la cama, parecían escoltar a Sara, y fue entonces cuando reparó en la bata que vestían. Era más larga que la de los otros doctores e infinitamente más blanca, tan nívea como jamás había visto otra ropa igual.

—¡Es Ariel...! —dijo Julio.

—¡Sí! —afirmó Emma con naturalidad, como quien está familiarizada con la visita.

—Y él es Miguel —añadió Ethan con una radiante sonrisa, señalando al otro lado de la cama.

Por fin... por fin Julio podía verlos.

Abrazó a Sara e intentó decirle muchas cosas, pero solo un sollozo salió, mientras sentía su corazón arder con la llama de una fe resucitada.

El doctor Sánchez respetó el abrazo durante unos segundos, pero luego, suavemente invitó a Julio a retirarse para aplicar a Sara los cuidados médicos necesarios.

Se apartó Julio unos pasos y vio sobre la mesa metálica la Biblia abierta, tal y como él la había dejado al correr en busca de ayuda. Fue a tomarla y solo entonces apreció que no estaba abierta en la parte de Isaías que él leía, sino en el libro de Jeremías, por el texto que Sara había subrayado tiempo atrás, aquella mañana en que juntos lo habían leído mientras desayunaban. La tinta roja con que lo marcó brillaba al contacto de la luz del fluorescente: *Con amor eterno te he amado.*[15]

Alzó la vista buscando a los ángeles, pero no estaban ya allí. Giró la mirada y observó que Ariel y Miguel se dirigían a la puerta del cuarto; ya habían cumplido su misión y se retiraban.

—Adiós, Ariel, adiós, Miguel —y alzó aun más la mirada para decir—: ¡Gracias, Dios mío!

Un brazo se posó en su hombro.

Volvió la cabeza y...

—¡Alba! ¡Qué agradable sorpresa!

Sonrió y enseguida le dijo:

—Tu corazón tiene ya gran cantidad de puntos de sutura. Ahora sí será el mapa que guiará a muchos a la tierra del consuelo.

15. Jeremías 31:3, NVI

EPÍLOGO

Diamantes en el cielo

Sus manos siguen unidas, lo mismo que sus corazones, pero no ya por el temor, sino por inmensa gratitud.

Frente a ellos, el doctor Sánchez adopta su posición predilecta: acodado en la mesa, con los dedos de ambas manos entrecruzados y la barbilla apoyada en ambos pulgares. Pero en este caso sus ojos adelantan el mensaje que sus labios aun custodian, y en esa mirada se aprecia el color de la esperanza. Sonríe con los ojos antes que con la boca, y como percibe el nerviosismo que la espera produce en Sara y Julio, decide no prolongar más su inquietud:

—La gran paradoja —a estas alturas no va a cambiar su costumbre de inaugurar el discurso con las sentencias cinematográficas acostumbradas.

—¿Y bien? —interroga Sara ante la excesiva pausa del doctor.

—Amanece, que no es poco —y la sonrisa que esboza también se asemeja a un radiante amanecer. Enseguida añade—: está limpia, Sara. Ha vencido esta batalla.

No son lágrimas quebradas, ni surgidas de un ánimo bajo mínimos, las que empañan su visión. Muy al contrario: son lágrimas de esperanza, de gratitud, de quien lo había perdido todo y todo lo ha recuperado.

La humedad en los ojos de Julio y Sara contagian al doctor, quien no puede evitar emocionarse al reconocer:

—Debemos ser cautos, pues el tumor que usted ha tenido es de los más virulentos que existen. Sara, ha ganado esta batalla, pero continuamos en la guerra. Una confrontación de este calibre consta de mil batallas y tenemos que estar preparados para luchar. Aún así debo confesarles que jamás he visto nada semejante a su caso, Sara, en mis treinta años de ejercicio de la medicina —acentúa su discurso con movimientos de cabeza de derecha a izquierda—. El cáncer se comportó con toda su agresividad hasta el último instante, pero luego, soy incapaz de explicar por qué, fue encogiéndose como si una mano lo apretase, hasta convertirlo en una lenteja fácilmente extirpable. Fue ahí cuando tuve que desdecirme de mi primer diagnóstico en que la operación era inviable.

—¿Cree que esa mano que oprimió el tumor hasta reducirlo —interroga Julio con la imagen de sus nietos impresa en su mente— pudo ser la suma de tres pequeñas manitas llamando a la puerta del cielo y pidiendo por Sara?

El doctor Sánchez se enjuga la humedad de los ojos con un pañuelo blanquísimo y, asintiendo con la cabeza, mantiene la mirada en ellos al decirles.

—Obviamente su caso presenta características muy particulares; por eso les he dicho que jamás he visto un proceso similar. Un tumor no extirpable, que no admite inmunoterapia y en el que no se ha aplicado tampoco quimioterapia, y que de forma espontánea experimente una reducción de ese calibre... —niega con la cabeza en un gesto de desconcierto—. No debe extrañarles que la ciencia muestre interés por este caso y decida investigarlo, pues ciertamente es un episodio digno de estudio. Pero permítanme que insista: no debemos bajar la guardia y estaremos practicándole revisiones periódicas.

En silencio y agarrados de la mano dejan atrás el hospital. Dejan atrás días de rigurosas pruebas teñidas de incertidumbre.

Esa noche están todos en casa, cenarán juntos para celebrarlo. Julio ha preparado su plato preferido, el de los niños en especial, unas grandes y jugosas tortillas de patata.

—¡Yupiii! —saltan y gritan Emma e Ethan—. ¡Tortilla de patatas!

—¡*Atas, atas*! —Oliver también lo corea mientras da saltitos—. *"uta, uxo"*.

—Y a mí también me gusta mucho —ríe Sara.

Hay miradas que redactan frases y pintan cuadros. Así son las que los tres pequeños dirigen a sus abuelos, mientras disfrutan de la cena. En sus ojos se mezcla la más pura admiración con el amor más sincero e inocente que un corazón pueda fabricar. Tras ver a Sara sonreír, Emma sonríe ampliamente.

Julio recorre con la mirada los rostros de todos; en ellos prevalece la alegría, el alivio y la gratitud. Sin ser consciente mira hacia arriba y con la mirada clavada en el techo dice:

—Sé que fuiste Tú. Gracias.

Lo dijo en voz baja, pero no lo suficiente, porque Ethan, a su lado, mira también al techo del salón, como buscando al interlocutor de su abuelo y pregunta extrañado.

—¿Con quién hablas, abu? ¿A quién le dices que ha sido él?

—Yo no *tido* —replica Oliver a la defensiva.

—Ja, ja, ja, —ríe Emma—. Dice que él no ha sido.

—Abu —repite el pequeño gladiador—, yo no *tido,* ha *tido Chichan* —y al hablar libera la gran cantidad de tortilla que tenía en la boca y que va a parar al rostro *de quien tiene más cerca: Julio.*

Emma se dobla de la risa.

—¡Dice que ha sido Ethan!

Julio se limpia la cara y ríe también al abrazarlos, necesitando dar rienda suelta a sus emociones. Se excusa un momento para ir al baño a limpiarse bien los restos de tortilla.

Allí llora a mares. Libera todas las emociones que ha contenido durante las últimas semanas, en las que vio tan de cerca la tragedia de la separación de su amada.

Entre lágrimas ve otro cepillo de dientes junto al suyo, en el vaso común. Es el de ella. Oye las risas de Sara en el salón. El milagro ha construido un puente sobre el insondable pantano de soledad que amenazó con tragarlo.

Recuerda las palabras del médico: Estás limpia... No hay cáncer.

La voz de Dios pone sello al mensaje del doctor. Suena esa Voz casi como un susurro que le arropa y adormece en un remanso de sosiego: "*yo estoy con vosotros. Seguid confiando, porque con la fe jamás una desgracia será la última noticia*".

Es como deslizarse entre sábanas limpias después de una dura jornada.

Ahora toca descansar y confiar en que Él regala mil sonrisas por cada lágrima derramada e inaugura cien primaveras por cada invierno vivido.

Julio escucha leves toques en la puerta del baño.

Es Sara que viene a buscarlo.

Al ver los ojos de Julio enrojecidos, lo abraza y lo besa. Salen juntos al balcón.

Juntos.

Es el último rizo de la última ola que les acerca a la orilla... a la orilla de la paz.

Adentro se oyen risas y voces.

Emma ríe...

Ethan grita:

—¡Mami, te quiero mil muchísimo!

—Oliver, ¡sácate el dedo de la nariz!

—*"E'que uta uxo, mami"* —se resiste el pequeño gladiador.

—Ja, ja, ja, dice que le gusta mucho —es la bella amazona.

Afuera sonríen Sara y Julio. Siguen abrazados.

Millones de puntos les guiñan desde arriba. El cielo, brillante y frío, está lleno de diamantes...

De diamantes en la noche.

Julio ama decorar la casa, y aún más ese año cuando pensaba celebrar sus navidades más tristes y, sin embargo, todos estarían juntos en torno al abeto navideño. Así que, aunque todavía no se ha cerrado el mes de octubre, ya la casa luce decorada y huele a Navidad en cada rincón.

Su rincón favorito es el pueblo navideño. Se trata de una recreación de la típica aldea nevada en la que a cualquiera nos gustaría pasar la Navidad. En torno a las casas hay abetos nevados y grupos de personas entonando villancicos; también niños construyendo muñecos de nieve, lagos sobre cuyas aguas heladas diminutas personas patinan, y hasta un Papá Noel alimentando a un cervatillo. Cada año Julio aumenta el censo de la aldea incorporando alguna casa y nuevos habitantes. Es capaz de pasar horas contemplándolo y recreando hermosas historias en el bello poblado.

La tragedia es que ese pueblo ejerce una atracción irresistible sobre el pequeño gladiador y él ha inculcado esa pasión en sus primos.

Ese día en que todos cenan juntos, apenas Sara y Julio salen al balcón, Oliver los reunió cerca de la mesa y en un tono mega convincente les dice: *¡Fa, fan, fafag, fan…!* A la vez que señala en dirección al salón. Sus primos, por descontado que lo entienden a la primera y le siguen.

¿Adónde los conduce el rubio?

La pandilla viaja en dirección al pueblo navideño. La decoración favorita... El tesoro privado de Julio...

Se aproximan con gesto amenazante… Rodean el poblado por norte, sur y este. El oeste linda con un tabique, por lo que los infortunados habitantes de aquel poblado tampoco podrán escapar por allí.

A partir de ese momento se inicia una labor de acoso y derribo de la que la temible pandilla no es consciente; ellos simplemente juegan. El tren de la Navidad es el primero en venirse abajo. Oliver lo hace rodar por todo el poblado —es preciso aclarar que las ruedas del tren no giran, pues son de cerámica, al igual que todo el tren—. El pequeño gladiador imita con la boca el ruido de la locomotora mientras mueve el trenecito por todos lados. No importa que en el camino del ferrocarril haya árboles, ovejas o personas. Aquel tren es guiado con firmeza y no se detiene ante nada…

Mientras tanto Ethan se fija en la decoración estrella de aquel pueblo: un gran árbol navideño que se alzaba —note el lector que lo escribí en pasado… se alzaba… pues ya no se alza— en mitad del pueblo.

¿Has visto alguna vez un abeto navideño boca abajo?

Los habitantes de la malograda aldea navideña lo ven ese día, pero por escasos segundos, pues no es lógico pensar que el árbol vaya a sostenerse sobre la estrella de la picota, pero el angelito rubio piensa que se sostendrá y lo suelta... El magnífico ejemplar se desploma pillando en su caída una de las casitas del pacifico pueblo. Los indefensos ocupantes de la casa ven cómo su hogar —ojalá ya hayan saldado la hipoteca— se viene sobre ellos.

La bella amazona es la más pacífica. Solo se dedica a jugar con la banda de música que amenizaba la plaza central del pueblo —¿notas aquí también el tiempo pasado? "amenizaba"—. El director de la orquesta es desplazado a otro lugar donde a juicio de Emma se hace más necesario... No rechista el músico, ni siquiera cuando en el vertiginoso desplazamiento la batuta se desprende de su mano... Bueno, y la mano se desprende del brazo, pues estaba muy pegada a la batuta.

Poco después Sara y Julio entran del balcón tras su romántico e inspirador tiempo bajo las estrellas. Es entonces cuando contemplan la escena...

La temible patrulla mira a su abu con gesto contenido. Este los mira conteniendo la respiración y también las lágrimas. Observa su pueblito navideño; se asemeja ahora a un escenario de la serie televisiva *Walking Dead* más que a una aldea de Navidad.

Montones de frases se agolpan en su mente y se dan cita tras la compuerta de sus labios, pero hay una que prevalece sobre todas ellas: *"Siempre tendrás aquí tu pueblo navideño, pero a la temible pandilla no siempre la tendrás tan cerca. Disfruta de ellos y déjales que disfruten".*

Gira sobre sus talones y vuelve a salir al balcón para renovar el oxígeno y la calma que la escena le ha robado. Ya en el exterior alza su voz en gratitud y adoración, también alza sus manos y le parece que es capaz de acariciar el lienzo oscuro sobre el que Dios exhibe millones de diamantes en la noche.

Despedida del autor

Concluyo este libro poco después de que a mi esposa le hayan practicado los últimos estudios para verificar su estado de salud, una vez que ha pasado el tiempo pautado por los médicos después de la cirugía.

Hoy, como demasiadas veces desde que le diagnosticaron el cáncer, hemos cruzado el umbral de esta zona inhóspita, hostil y sombría que se anuncia con el cartel azul de oncología.

Me di cuenta, de pronto, de que cada vez que atravesamos esa puerta la mano de ella aplica una intensa presión en la mía. Es un gesto inconsciente, totalmente involuntario, pero que me transmite mil mensajes: me habla de la necesidad que Gene tiene de sentirse acompañada, protegida, comprendida...

Esa manera como arropa mis dedos impregna de una mezcla de sabores el paladar de mi alma: de un lado el dulcísimo néctar de la comunión más intensa. Amo pegarme a ella como una segunda piel en estos tramos inciertos del camino. He descubierto que reír juntos une, pero llorar juntos funde dos corazones. De otro lado me embarga la duda de si mi diestra será suficientemente firme para sostenerla en su desasosiego. No sabemos lo que hoy van a decirnos aquí adentro; es el temible cáncer lo que nos convoca.

Probablemente es esa incertidumbre la que me lleva a aferrarme a la diestra del Altísimo y envolver con mi fe, ahora sí, resucitada, Sus dedos firmes, seguros, siempre dispuestos.

Cierro mis ojos un instante para sumergirme en la sensación de que Él nos arropa y no son ya dos, sino tres, las manos que se funden convirtiendo el sombrío espacio de oncología en un radiante sendero que nos acerca a Su Corazón.

La espera en el interior, aguardando a que la doctora nos atendiese, fue larga, pero cruzamos ya el pasillo de salida. Atrás queda el cártel azul que delimita la zona de oncología.

No parece ya un lugar tan sombrío...

Atrás queda también el temor, que se ha visto desplazado por una paz dulce, densa, casi tangible.

La doctora nos miró con simpatía y sus labios articularon palabras que parecieron surgir escoltadas en notas musicales: "*Gene, te felicito, los resultados revelan que estás limpia del cancer*".

El nombre del dichoso mal sigue impresionándonos. La siniestra patología que nos sorprendió a ambos y que nos desveló durante largos días y noches más largas aun.

Nadie está preparado para una noticia así y no fue una excepción en nuestro caso. El comunicado nos estremeció. Nos hizo perder sueño y apetito.

¡Cuánto pesa un pedazo de papel que contiene un diagnóstico médico!

Puede pesar tanto que nos tire sobre nuestras rodillas haciéndonos temblar.

Es por eso que dedico esta historia a cuantos en este momento se estremecen bajo temores e incertidumbre a causa de su salud.

A cuantos en un hospital o en su hogar enfrentan la dura batalla...

A cuantos la han enfrentado y vencieron...

Y de modo especial a cuantos vieron cómo un ser querido luchó como un héroe, pero no logró superarla.

La hora más oscura de la noche es justo la que precede al amanecer, y los cielos más hermosos corresponden siempre a los lugares más oscuros.

Que en tu particular noche puedas encontrar los diamantes que relumbran en tu cielo. Que puedas salir enriquecido y enriqueciendo a otros con esos tesoros exclusivos que yacen ocultos en los pliegues de las sombras.